La obra del Espíritu Santo en ti

Kay Arthur

MINISTERIOS
PRECEPTO
INTERNACIONAL

LA OBRA DEL
ESPÍRITU SANTO EN TI

ISBN 978-1-62119-172-8

CONTENIDO

༄ ༄ ༄ ༄

Cómo Empezar...

El leer instrucciones requiere de esfuerzo y es algo difícilmente agradable. Con frecuencia querrás empezar de inmediato y sólo cuando lo demás sale mal, leerás las instrucciones. Nosotros lo entendemos, pero por favor, no empieces este estudio de esa manera. Estas breves instrucciones realmente son parte vital para poder empezar bien y te serán de mucha ayuda.

PRIMERO

Al estudiar Hechos necesitarás cuatro herramientas a más de esta guía:

1. Una Biblia que estés dispuesto a marcar. El marcar o señalar resulta fundamental. Una Biblia que es ideal para este propósito es la *Biblia de Estudio Inductivo (BEI)* Su formato está en una sola columna y con letra más grande, lo que la hace estupenda para marcar y facilitar la lectura. Los márgenes del texto son amplios y con suficiente espacio para hacer anotaciones.

La *Biblia de Estudio Inductivo* también contiene instrucciones para estudiar cada libro de la Biblia; sin incluir comentarios en el texto, ni haber sido recopilada de alguna posición teológica en particular. Su propósito es que tú mismo aprendas a discernir la verdad al utilizar el método de estudio inductivo (los diferentes cuadros y mapas que encontrarás en esta guía de estudio han sido tomados de la BEI).

Sin importar qué Biblia utilices, deberás marcarla; lo que nos lleva al segundo paso. Necesitarás lo siguiente:

2. Un bolígrafo de punta fina de cuatro colores, o marcadores de diferentes colores para marcar en tu Biblia.
3. Un juego de lápices de colores.
4. Un cuaderno para anotar tus observaciones.

SEGUNDO

1. Al estudiar el libro de Hechos, recibirás instrucciones específicas para el estudio de cada día. Emplearás entre veinte y treinta minutos diarios. Pero si lo deseas, puedes utilizar más tiempo, lo cual permitirá un mayor crecimiento de tu intimidad con la Palabra del Señor y con el Señor de la Palabra.

Si estás haciendo este estudio dentro del formato de una clase, y encuentras que las lecciones son muy extensas, entonces haz cuanto puedas. Hacer poco es mejor que no hacer nada. Al tratarse del estudio de la Biblia, no seas de esas personas que hacen todo o no hacen nada.

Recuerda que cada vez que estudias la Palabra de Dios, entras en la más intensa lucha con el enemigo. ¿Por qué? Porque cada pieza de la armadura del cristiano está relacionada con la Palabra de Dios. Y nuestra única arma ofensiva es la espada del Espíritu, la Palabra de Dios. Y el enemigo quiere que tengas una espada sin filo. ¡No se lo permitas!

2. Al leer cada capítulo acostúmbrate a hacer las preguntas: ¿Quién? ¿Qué? ¿Cómo? ¿Cuándo? ¿Dónde? y ¿Por qué? Hacer preguntas como éstas te ayudará a entender exactamente qué está diciendo la Palabra de Dios. Cuando examines el texto, harás las siguientes preguntas:

a. ¿De **qué** se trata el capítulo?

b. ¿**Quiénes** son los personajes principales?

c. ¿**Cuándo** ocurrió este acontecimiento o enseñanza?

d. ¿**Dónde** ocurrió?

e. ¿**Por qué** ocurrió?

f. ¿**Cómo** ocurrió?

3. El "cuándo" de los acontecimientos o enseñanzas es muy importante y debes resaltarlo en tu Biblia de una forma distinta. Nosotros acostumbramos a poner un círculo en la Biblia junto al versículo donde aparece alguna expresión de tiempo. Subraya o resalta las expresiones de tiempo con un color específico.

4. Se te proporcionarán ciertas palabras clave a marcar en el libro de Hechos. Para este fin utilizarás los lápices de colores y los marcadores. Al desarrollar el hábito de señalar tu Biblia de esta forma, te darás cuenta que esto cambiará significativamente la efectividad de tu estudio y de cuánto puedes recordar.

Una **palabra clave** es una palabra importante que el autor utiliza repetidamente para transmitir su mensaje al lector. Ciertas palabras clave aparecerán en todo el libro. Otras se encontrarán en capítulos o secciones específicas del libro. Al señalar una palabra clave también debes señalar sus sinónimos (las palabras con el mismo significado en el contexto) y cualquier pronombre relativo (*él, suyo, ella, eso, su, nosotros, ellos, nuestro, tuyo* y *de ellos*) de la misma forma en que marcaste las palabras clave en tus tareas diarias.

Puedes resaltar las palabras para facilitar su identificación; ya sea por medio de símbolos, colores o con una combinación de ambos. Sin embargo, es más fácil identificar colores que símbolos. Si utilizamos símbolos, tratamos de hacerlos sencillos. Por ejemplo, resaltamos *arrepentirse* con amarillo y le ponemos un símbolo como este en rojo.

Ese símbolo transmite el significado de la palabra. Cuando resaltes las palabras clave, hazlo de una manera que te sea fácil de recordar.

Cuando se marca a la Trinidad, (lo cual se hace con frecuencia), marcamos a Dios Padre con un triángulo como éste △ , a Jesucristo así, ⌐ y al Espíritu Santo así ◁▱▷ .

Elabora un código de colores para identificar las palabras clave a lo largo de toda tu Biblia. De modo que cuando busques en las páginas de tu Biblia, puedas ver al instante las palabras clave usadas.

Cuando marcas palabras clave es fácil olvidar la forma en que lo hiciste desde un principio. Para evitar esto, te recomendamos utilizar una tarjeta. Escribe en ella las palabras clave y a la par coloca el color y símbolo que les corresponda. Utiliza esta tarjeta como un separador de páginas para tu Biblia. Puedes hacer un separador para las palabras que vas a marcar a lo largo de toda la Biblia, y otro para los libros específicos de la Biblia que estés estudiando.

5. Ya que los lugares geográficos son importantes en un libro histórico o biográfico de la Biblia (y Hechos es un libro histórico), te será útil marcar los lugares de forma distinta. Nosotros subrayamos cada referencia a lugares con verde. Hemos incluido mapas en este estudio para que puedas ubicarte dentro del contexto geográfico.

6. Encontrarás además un cuadro titulado PANORAMA GENERAL DE HECHOS en la página 104. A medida que completes tu estudio de cada capítulo, registra el tema principal de este capítulo bajo el número del capítulo apropiado. El tema principal de cada capítulo es aquel al que se le da mayor atención en él. Puede ser un acontecimiento, un tema o enseñanza en particular. Generalmente en un libro histórico o geográfico los temas se enfocan en los eventos.

Completar el cuadro del PANORAMA GENERAL DE HECHOS conforme avanzas en tu estudio, te proporcionará al final un resumen y una referencia completa de ese libro. Si tienes una *Biblia de Estudio Inductivo*, encontrarás el mismo cuadro que aparece en la página 1706. Si registras allí los temas de los capítulos, los tendrás a mano para una inmediata referencia.

7. Siempre empieza tu estudio con oración. A medida que uses la Palabra de Dios con exactitud, deberás recordar que es un libro divinamente inspirado por Dios; para que puedas conocerlo a Él y Sus caminos en forma más íntima.

Pero Dios nos las reveló a nosotros por el Espíritu; porque el Espíritu todo lo escudriña, aun lo profundo de Dios. Porque ¿quién de los hombres sabe las cosas del hombre, sino el espíritu del hombre que está en él? Así tampoco nadie conoció las cosas de Dios, sino el Espíritu de Dios (1 Corintios 2:10, 11).

Por lo tanto, pídele a Dios que te revele Su verdad conforme te guía y dirige a ella. Él lo hará si se lo pides.

8. Al terminar con la lección de cada día, medita en lo que estudiaste. Pregúntale a tu Padre Celestial cómo deberías vivir a la luz de las verdades que acabas de estudiar. Ocasionalmente, y dependiendo de cómo Dios te haya hablado a través de Su Palabra, te recomendamos que tomes nota de estas "LECCIONES PARA LA VIDA"; escribiendo "LPV" en el margen de tu Biblia, para luego anotar en forma breve, la lección para la vida que deseas recordar.

TERCERO

Este estudio ha sido diseñado para que tengas una tarea para cada día de la semana, estudiando la Palabra de Dios diariamente. Si trabajas en tu estudio de esta forma, lo encontrarás de mayor beneficio que estudiar en un solo día el material de toda la semana. Estudiar a tu propio ritmo te permitirá analizar qué aprendes diariamente.

El Séptimo Día de cada semana tiene diferentes características que los otros seis días. Esas características han sido diseñadas para ayudar en las discusiones de grupo. Sin embargo, también son valiosas si estás estudiando este libro individualmente.

El "Séptimo Día" es cualquier día de la semana que escojas para terminar tu semana de estudio. En ese día encontrarás uno o dos versículos para memorizar y Guardar en tu Corazón. Asimismo, encontrarás un pasaje Para Leer y Discutir. Esto te ayudará a concentrarte en una verdad o verdades principales cubiertas en tu estudio de esa semana.

Para ayudar a quienes utilizan este material en la Escuela Dominical o en un grupo de estudio bíblico, también hay Preguntas para la Discusión o Estudio Individual. Y aunque no estés estudiando con alguien más, sería bueno que respondieras a esas preguntas.

Si estás en un grupo, asegúrate que cada miembro de la clase incluyendo al maestro, apoye sus respuestas y observaciones con los textos de la Biblia. De esta forma, utilizarás la Palabra de Dios correctamente. Conforme aprendas a ver qué dice el texto, notarás que la Biblia se explica por sí misma.

Siempre examina tus observaciones cuidadosamente y mira a qué se refiere el texto. Luego, antes de decidir qué significa el pasaje de la Escritura, asegúrate que tu interpretación esté a la luz de su contexto. Las Escrituras nunca contradicen las Escrituras. Si alguna vez pareciera contradecir al resto de la Palabra de Dios, puedes tener la certeza de que fue tomada o interpretada fuera de contexto. Si encuentras un pasaje difícil de entender, reserva su interpretación para cuando puedas estudiarlo con mayor profundidad.

El propósito de la sección PENSAMIENTO PARA LA SEMANA, es compartir contigo lo que consideramos un elemento importante para tu semana de estudio. La hemos incluido para tu revisión con esperanza que seas edificado. Esta sección te ayudará a entender cómo caminar a la luz de lo aprendido.

Los libros de la Nueva Serie de Estudio Inductivo (NSEI), son cursos que brindan un panorama general. Si deseas un estudio más profundo de algún libro de la Biblia en particular, te recomendamos estudiar un curso de Precepto Sobre Precepto sobre ese libro. Si deseas pedir mayor información sobre estos cursos, puedes contactar a Ministerios Precepto Internacional al 800-763-8280, visitar nuestra página web www.precept.org o comunicarte con la oficina de Ministerios Precepto en tu país.

HECHOS

La Obra del Espíritu Santo en Ti...

ର୍ଚ୍ଚ ର୍ଚ୍ଚ ର୍ଚ୍ଚ ର୍ଚ୍ଚ

¿Cómo está tu vida? ¿La vida cristiana te significa una extenuante lucha? ¿Te sientes derrotado, sin poder e impotente? Si tu vida parece estéril, aun cuando estás involucrado en todo tipo de "actividades cristianas", quizás no te hayas dado cuenta de qué significa "caminar por el Espíritu". O tal vez, al igual que otros, simplemente te sientas en la iglesia y pasas allí la mayor parte de tu vida; tienes una religión, pero no una relación con un Dios vivo.

Cuando Pablo escribió su epístola a los Gálatas les dijo: "Si vivimos por el Espíritu, andemos también por el Espíritu" (5:25). Tu problema podría ser que eres un miembro de la iglesia, pero no un miembro del cuerpo de Cristo. Por lo tanto, no estás viviendo por el Espíritu. O el problema podría ser que aunque realmente eres un hijo de Dios, no estás lleno del Espíritu Santo y no estás caminando en el Espíritu. Pero si tomas en serio nuestro estudio del libro de Hechos, *La Obra del Espíritu Santo En Ti...* y ¡podrás resolver esta situación!

¡Nos emociona mucho pensar qué hará nuestro Padre Celestial en tu vida y en el reino conforme aprendes las lecciones del libro de los Hechos y ves la obra del Espíritu en ti!

En los evangelios, Jesucristo es el tema central; así pues, ellos se enfocan en Su vida, Su muerte, Su sepultura y Su resurrección. Pero en el libro de los Hechos, es el Espíritu Santo quien viene a ser central, porque Él es el cumplimiento de la promesa de Cristo de enviar el Espíritu después de ascender a Su Padre. A medida que estudias el libro de los Hechos, querrás aprender todo lo que puedas acerca del Espíritu de Dios y de cómo debe ser tu relación con Él. Al enfocarte en tu relación con el Espíritu Santo, descubrirás otras muchas verdades de incalculable valor en cuanto a vivir y andar en el Espíritu.

Testificar: El Plan de Dios - El Espíritu Santo: La Provisión de Dios

PRIMER DÍA

Lee Hechos 1. Al estudiar cualquier libro de la Biblia, siempre es de mucha utilidad reconocer el propósito del escritor y observar la estructura de su material para alcanzar dicho propósito. Conforme lees Hechos, observa quién es el autor, para quiénes fue escrito, y por qué fue escrito. No es una norma el poder encontrar toda esta información en un solo capítulo, especialmente en el primer capítulo. ¡Sin embargo, sí puedes encontrar todo esto en Hechos 1! El propósito del libro de Hechos no se explica con muchas palabras, pero aun así podrás encontrar su razón. Si hoy no puedes ver el propósito, te ayudaremos a verlo mañana. Inténtalo y anota en tu cuaderno qué observas.

SEGUNDO DÍA

Lee nuevamente Hechos 1:1-3 y luego Lucas 1:1-14. Observa quién escribe Lucas, para quiénes fue escrito y por qué. Nuevamente apunta tus observaciones en tu cuaderno de notas.

El libro de Hechos, ¡es una continuación de lo que Jesús empezó en Lucas! Hechos es la "segunda parte" del relato de Lucas, pero en Hechos el enfoque ya no es la vida de

Jesús, pues ya había ascendido al Padre. Sin embargo, Jesús no se fue sin antes hacer una promesa a Sus discípulos en Hechos 1.

Lee Hechos 1 nuevamente. Al leer, marca cada referencia al *Espíritu Santo*. Mientras vas marcando las palabras, mira qué acciones o actividades están relacionadas con el Espíritu. Inclúyelas cuando las marques. Por ejemplo: En Hechos 1:5 debes resaltar toda la frase *bautizado con el Espíritu Santo* y en el 1:8 resalta *poder cuando el Espíritu Santo venga sobre ustedes*[1], al igual que como marcaste *Espíritu Santo*.

Cada vez que marcamos en la Biblia una referencia al Espíritu Santo, siempre lo hacemos de la misma forma y con los mismos colores. Dibujamos una nube como ésta: . Incluye al *Espíritu Santo* como palabra clave en tu separador, para marcar todas las referencias a Él a medida que avanzas en tu estudio de Hechos. Cuando estudies Hechos observarás que se hace referencia al Espíritu Santo en diferentes formas. Te sugerimos que al encontrar estas referencias las incluyas en tu separador para que estés atento a ellas cuando las encuentres (en la sección "Como Empezar..." te indicamos cómo y por qué hacer un separador de páginas con palabras clave).

Ahora, de acuerdo con Hechos 1, ¿qué promesa recibieron los discípulos? Anota la respuesta en tu cuaderno.

Por cierto, ¿te diste cuenta que el propósito de Hechos es continuar con el relato de la obra de Jesucristo por medio de Sus discípulos, Sus testigos, quienes llevan el mensaje a Jerusalén, Judea y Samaria y hasta lo último de la tierra?

―――――――

TERCER DÍA

Lee Hechos 1:1-5 de nuevo. Y si lees las Escrituras varias veces en voz alta, estarás memorizándola.

Juan el bautista profetiza que Jesús bautizaría a los creyentes con el Espíritu Santo. Para ver dónde aparece esta promesa, busca los siguientes pasajes: Mateo 3:11, Marcos 1:8, Lucas 3:16 y Juan 1:33. Te recomendamos anotar estas referencias cruzadas en el margen de tu Biblia junto a Hechos 1:4, 5.

Las referencias cruzadas son anotaciones que se realizan en el margen de tu Biblia para identificar la ubicación de otro versículo o pasaje que dice lo mismo que el versículo que estás estudiando, o que apoya una verdad en esos versículos. Dado que no siempre dispondrás de tus notas de estudio, el tener referencias cruzadas anotadas en tu Biblia te puede ser muy útil. Entonces, para marcar estas referencias cruzadas, escribe Marcos 1:8 en el margen junto a Mateo 3:11. Luego, junto a Marcos 1:8 escribe Lucas 3:16, y junto a Lucas 3:16, Juan 1:33. Así que, si no puedes recordar Mateo 3:11, de todas maneras podrás buscar esta verdad a través de los evangelios.

Solamente hay una referencia más en el Nuevo Testamento con respecto al bautismo del Espíritu Santo, a más de las de Hechos y las que acabamos de notar en los evangelios. Está en 1 Corintios 12:13. Regístrala también como una referencia cruzada.

Por cierto, busca Hechos 1:4. Cuando se les dijo a los apóstoles que "esperaran la promesa del Padre" ¿qué era lo que tenían que esperar? Querrás marcar *la promesa del Padre* de la misma manera que has marcado *Espíritu Santo* en los otros versículos.

✿⁓

CUARTO DÍA

Lee Hechos 1 nuevamente. Esta vez resalta las siguientes palabras (así como sus sinónimos y pronombres), cada uno en una forma distinta. A continuación te damos unas sugerencias de como marcar.

a. *Testigo (testigos)*. Puedes dibujar un cuadro de color naranja.

b. *Resurrección* (y cualquier frase que se refiera a resurrección). Como te darás cuenta, la resurrección es una parte importante de nuestro testimonio. Por lo tanto, encerramos estas palabras en color amarillo (¡porque Él vive!).

c. *Oración (oró, orar, súplica)*. Aunque la palabra orar no se usa en este capítulo 1, agrégala a tu separador de palabras clave ya que después aparecerá en el resto del libro.

Incluye todas estas palabras clave en tu separador. No olvides marcar cada referencia al Espíritu Santo a medida que avanzas en el estudio del libro de Hechos. Por cierto, un sinónimo para *Espíritu Santo* en Hechos 1:4 es *promesa*.

QUINTO DÍA

Ayer leíste Hechos 1 y marcaste cada referencia a la resurrección. ¿Señalaste en Hechos 1:3 la frase *se presentó vivo?* Recuerda, que ibas a señalar las referencias a la resurrección de Jesús de la misma forma en que marcaste la palabra *resurrección*. Si no las marcaste, hazlo ahora.

En Hechos 1:22 leíste "uno [uno de los hombres que los discípulos estaban eligiendo para tomar el lugar de Judas] sea constituido testigo con nosotros de Su resurrección". Notaste que uno de los requisitos era que el hombre testificara de la resurrección, ¿por qué? Porque la resurrección es un elemento clave a través de todos los evangelios.

Lee 1 Corintios 15:1-11. Señala la palabra evangelio. Cuando marcamos esta palabra acostumbramos dibujar un megáfono como éste ⌐◯◝. Al leer este pasaje observa qué les entregó (les predicó) Pablo; aquí verás una clara definición de lo que es el evangelio. Conforme leas, nota también la frase "conforme a las Escrituras[2]".

Escribe en tu cuaderno de notas qué aprendiste sobre el evangelio. Debes asignar un par de páginas a esta lista para que puedas regresar a ella, y añadir tus observaciones a medida que avanzas en el estudio de Hechos.

───────────────────

SEXTO DÍA

Lee de nuevo Hechos 1. Hechos es un libro histórico que nos proporciona relatos de testimonios de la vida, muerte y resurrección de Jesús.

Los lugares geográficos son importantes en Hechos, así que subraya con verde o cualquier otro color que prefieras, cada referencia a una ciudad o región (Ej. *Judea, Samaria*). Consulta el mapa de Jerusalén en la página 19 para tener una perspectiva de los lugares que marcaste. Además, el mapa de abajo muestra a Jerusalén, Judea y Samaria.

Reserva varias páginas de tu cuaderno de notas para recopilar una lista de qué aprendiste acerca del Espíritu Santo conforme avanzas en tu estudio de Hechos. Ahora, anota tus observaciones acerca del Espíritu Santo al estudiar el capítulo 1.

Por ejemplo, querrás anotar lo siguiente:

Jesús dio instrucciones por medio del Espíritu Santo (1:2)

El Espíritu Santo fue prometido por el Padre (1:4)

Los apóstoles serían bautizados con el Espíritu Santo (1:5)

Como puedes ver, se debe anotar la referencia bíblica al lado de la observación. Esto se hace para tener un apoyo bíblico a las observaciones que hacemos de las Escritura.

SÉPTIMO DÍA

 Para guardar en tu corazón: Hechos 1:8
Para leer y discutir: Hechos 1:1-11

PREGUNTAS PARA LA DISCUSIÓN O ESTUDIO IINDIVIDUAL

ॐ Al hacer tu lista sobre qué aprendiste del Espíritu Santo en Hechos 1 ¿qué escribiste?

ॐ La palabra bautizado en griego es *baptizó* y significa "sumergirse, inmersión, sumergir con propósitos religiosos, colmar, saturar, bautizar". Conlleva la idea de identificación, siendo unidos con alguien o con algo. Compara Hechos 1:5 con 1:8. Cuando los apóstoles fueron bautizados con el Espíritu Santo, ¿qué haría el Espíritu Santo por medio de ellos?

ॐ De acuerdo con Hechos 1:8 ¿qué recibirían y qué serían los Apóstoles cuando el Espíritu Santo descendiera sobre ellos?

ॐ Observa los lugares que señalaste en Hechos 1 en donde marcaste *testigos* y *testificar*. ¿Qué aprendiste al observar estos versículos?

∾ ¿En dónde debían esperar los discípulos por la promesa del Padre, esto es, por el bautismo del Espíritu Santo?

a. ¿Adónde debían ir luego de recibir el bautismo del Espíritu Santo?

b. ¿Qué tenían que hacer? (Esta pregunta podría parecer un poco redundante luego de discutir qué aprendiste en cuanto a ser testigos, pero es bueno reiterar estas observaciones. La repetición es clave para el proceso de aprendizaje).

c. Si lees todo el libro de Hechos antes de empezar tu estudio, descubrirás que es un relato de cómo se cumple Hechos 1:8 en los primeros días de la iglesia. Por lo tanto, Hechos puede dividirse en dos grandes secciones que relatan cómo fue llevado el evangelio a Jerusalén, Judea, Samaria y hasta lo último de la tierra. Hoy en día, Hechos continúa extendiéndose a medida que difundimos el evangelio en toda la tierra. Al estudiar, observa a dónde fue llevado el evangelio, quién lo llevó y cuándo.

∾ ¿Qué aprendiste en 1 Corintios 15:1-11 sobre el evangelio?

a. Si uno predica el evangelio, ¿qué puntos crees que son necesarios de cubrir? ¡Permanece en las Escrituras!

b. ¿Qué confirma la sepultura de Jesús?

c. ¿Qué confirma el hecho de que Jesús fue visto por muchos?

d. ¿Se debe hablar sobre el pecado al presentar el evangelio a otros? ¿Cómo lo sabes? ¿Es esto lo que se observa actualmente cuando las iglesias buscan alcanzar a los perdidos? ¿Qué sucede si la iglesia te dice que no menciones el pecado a los perdidos? ¿Cómo responderías a esto?

e. ¿Qué parte de testificar te resulta más difícil? ¿Testificas con frecuencia? ¿Por qué sí? ¿Por qué no?

❧ Dedica tiempo para orar con los demás. Permite que cada persona tenga la oportunidad de orar y pedirle a Dios que les hable a través del estudio de Hechos. También que les muestre qué significa vivir y caminar por el Espíritu de Dios, conocer Su poder y ser Sus testigos.

PENSAMIENTO PARA LA SEMANA

Cuando Dios nos llama a realizar algo para Él, siempre nos provee los medios para hacerlo. Nunca tendrás que hacer algo con tus propias fuerzas, sabiduría o poder. Tú tienes al Espíritu Santo quien es tu Ayudador.

Qué bien demostró esto Jesucristo, el Dios-hombre, al vivir una vida sin pecado. El hombre también pudo haber vivido de esta forma, pero Adán y Eva escogieron caminar independientemente de Dios, ser como Dios, y conocer el bien y el mal. El evangelio de Juan establece con claridad que Jesús siempre hizo sólo aquello que agradaba al Padre. Las obras que hizo el Padre, las hizo también el Hijo. Las palabras que habló el Padre, fueron las que habló el Hijo. Jesucristo demostró a la humanidad cómo tenemos que vivir.

En Hechos 1:2 encontramos que Jesús dio órdenes a los Apóstoles por el Espíritu Santo. ¡Qué nuestro Padre Celestial nos muestre una y otra vez en este estudio de Hechos qué significa ser llenos del Espíritu Santo, vivir en total dependencia de Dios, y no hacer nada separados de Él!

¿Por qué se Distinguió la Iglesia? ¿En qué Estamos Fallando?

ꙮꙮꙮꙮ

PRIMER DÍA

Lee Hechos 2. Señala cada referencia al *Espíritu Santo* (*Espíritu*) de la misma forma que marcaste la semana pasada. Recuerda marcar también cualquier acción o actividad del Espíritu en la misma forma. No olvides señalar la palabra *promesa*[3] si se refiere al Espíritu Santo, al igual que cualquier pronombre como este.

También añade a tu separador de palabras clave, *creer* (*cree, creyó.*) Marca estas palabras en todo el libro. Empieza a hacer una lista de todo lo que aprendas al marcar esas palabras y agrégalas conforme avanzas en el estudio de Hechos. Esto te tomará algo de tiempo, pero será muy útil.

SEGUNDO DÍA

Lee Hechos 2 nuevamente. Señala las palabras clave, sus sinónimos y pronombres que aparezcan en la lista de tu separador. Asegúrate de no omitir *lo resucitó*[4] como referencia a la resurrección. Además de las palabras clave que ya tienes en tu separador, añade *en el nombre de Jesucristo* y marca esta frase de forma distinta.

TERCER DÍA

Lee Hechos 2:1-21. Conforme lo haces marca cualquier expresión de tiempo. Recuerda, marcamos expresiones de tiempo con un círculo como este ◯.

Observa el texto cuidadosamente y presta atención a cada referencia al Espíritu Santo. Examínalas a la luz de las seis preguntas básicas: *¿Quién? ¿Qué? ¿Cómo? ¿Cuándo? ¿Dónde?* y *¿Por qué?* Observa a *quiénes* les es dado el Espíritu Santo, *cuándo, qué* sucede cuando el Espíritu llena a las personas, *cómo* explica Pedro qué está sucediendo, para *quiénes* es la promesa del Espíritu Santo y *cómo* es recibido el Espíritu Santo. Luego, enumera en tu cuaderno bajo la sección del Espíritu Santo, todo lo que aprendiste en este capítulo acerca de Él.

¿Encuentras alguna relación entre Hechos 2 y Hechos 1? Si es así, anota tus observaciones en tu cuaderno de notas.

CUARTO DÍA

Lee Hechos 2:14-21 y 2:32-42 y compáralos con Juan 7:37-39; 14:16-18, 25, 26; 15:26, 27; 16:7-15; y Romanos 8:9, 11, 14-17. En cada uno de estos pasajes marca cada referencia al *Espíritu Santo (Espíritu, Consolador, Espíritu de Verdad, Espíritu de Dios, Espíritu de Cristo).* Recuerda marcar también los pronombres. Una vez más haz una lista de todo lo aprendido en estos pasajes acerca del Espíritu Santo. Al hacer esto, anota de qué libro, capítulo y versículo obtuviste esa información.

Al terminar, repasa la promesa que Jesús hizo en los evangelios en cuanto al Espíritu Santo (Mateo 3:11; Marcos 1:8; Lucas 3:16 y Juan 1:33). Observa cómo estos versículos y promesas complementan y suplementan tu comprensión de la promesa de Hechos 1 y del día de pentecostés en Hechos 2 y 1 Corintios 12:13.

El trabajo de hoy podría requerir más tiempo que el de los otros días, pero dedícale todo el tiempo que puedas. Encontrarás este estudio de mucho provecho y edificación.

Usa las Escrituras con exactitud y nunca le añadas ni le quites nada. Simplemente permite a la Palabra de Dios exponer lo que está escrito. Recuerda que es la verdad.

୬୭ଠ଼

QUINTO DÍA

Lee Hechos 2:22-36 muy cuidadosamente. Luego enumera en tu cuaderno de notas los puntos principales del mensaje de Pedro a los hombres de Israel.

୬୭ଠ଼

SEXTO DÍA

Lee Hechos 2:37-47. Observa la respuesta de la gente al mensaje y qué dice Pedro que hagan. Al observar estos últimos versículos de Hechos 2, examínalos a la luz de las seis preguntas básicas.

Además haz una lista en tu cuaderno de notas de todo lo aprendido en Hechos 2:42-47 acerca de los primeros creyentes. ¿Qué crees que sucedería si la iglesia viviera de la misma forma hoy en día?

Aunque las palabras *arrepentirse* y *arrepentimiento* no se utilizan extensamente a lo largo del libro de Hechos, son palabras clave. Por lo tanto, debes incluirlas en tu separador. Además asegúrate de siempre marcarlas de ahora en adelante (recuerda que te mostramos cómo marcar la

palabra *arrepentirse* en la sección "Como Empezar...").
Arrepentirse es cambiar de parecer o de mentalidad. Un verdadero cambio de mentalidad produce un cambio de pensar, de dirección y conducta.

Finalmente, al final de este libro de estudio encontrarás un cuadro titulado PANORAMA GENERAL DE HECHOS en la página 104. En este cuadro se ha asignado un espacio para que anotes el tema de cada capítulo de Hechos. El tema de un capítulo es un resumen de la enseñanza principal de ese capítulo. En ocasiones habrá más de un tema principal, y otras veces, habrá dos temas principales. Para los capítulos 1 y 2 escribe tan breve como te sea posible los temas principales.

De hoy en adelante, cuando termines tu registro de observaciones de cada capítulo, deberás registrar el tema de ese capítulo. Este es un ejercicio muy provechoso porque cuando termines, tendrás un resumen del panorama del libro.

También encontrarás en el cuadro un espacio para anotar la fecha, el autor y el propósito. Cuando descubras esta información escríbela en los lugares apropiados. Hechos fue escrito probablemente alrededor del 61 d.C.

SÉPTIMO DÍA

 Para guardar en tu corazón: Hechos 2:38, 39
Para leer y discutir: Hechos 2:12-21, Efesios 2:11-22.

PREGUNTAS PARA LA DISCUSIÓN O ESTUDIO IINDIVIDUAL

ᕤ ¿Qué sucedió exactamente en el día del Pentecostés? ¿Existía alguna relación entre este evento y lo que estudiaste en Hechos 1 la semana pasada? ¿Cómo lo sabes?

❧ ¿Cómo se relaciona la promesa hecha por Jesús en Mateo 3:11; Marcos 1:8; Lucas 3:16 y Juan 1:33 con Hechos 1? ¿Qué relación hay entre la promesa y lo ocurrido en el día de Pentecostés?

❧ ¿Fue la promesa del bautismo del Espíritu Santo únicamente para los Apóstoles? Lee Hechos 2:39 y 1 Corintios 12:13. ¿Qué aprendiste de estos versículos?

a. Ahora lee Efesios 1:13. ¿Qué dice este versículo en cuanto al creyente y su relación con el Espíritu Santo?

b. Lee Efesios 2:11-22. ¿Qué enseña este pasaje acerca del cuerpo de Cristo? ¿Quiénes forman parte del cuerpo de Cristo? ¿Qué les da acceso al Padre? ¿Qué te dice el versículo 22 en cuanto a tu relación con el Espíritu Santo?

❧ En las páginas 32 y 33 encontrarás un cuadro de las Fiestas de Israel. ¿Qué aprendiste sobre la Fiesta de Pentecostés? Ese día el Sumo Sacerdote mecía dos piezas de pan que habían sido tomadas de una canasta de panes delante del Señor. ¿Qué representan las dos piezas de pan? Lee Efesios 3:4-6. Estudiaremos sobre los primeros gentiles convertidos al cristianismo, y también sobre cómo recibieron al Espíritu Santo en Hechos 10.

❧ Cuando Pedro explicó qué había sucedido el día de Pentecostés citó Joel 2:28-32 y dijo que en los postreros tiempos Dios derramaría Su Espíritu sobre toda carne. Lee Hebreos 1:2 y discute sobre qué dice este versículo acerca de los últimos tiempos.

∽ De acuerdo con todo lo estudiado esta semana en la Palabra de Dios, ¿cómo explicarías el bautismo del Espíritu Santo? Busca en tus notas sobre el Espíritu Santo, lo que anotaste acerca del evangelio de Juan.

∽ Según Hechos 2:37-47, ¿quién aumentaba el número de almas de la iglesia? ¿Se hizo eso comprometiendo el mensaje?

PENSAMIENTO PARA LA SEMANA

En los días del Antiguo Testamento, el Espíritu Santo descendía sobre los profetas, sacerdotes y reyes, pero no habitaba permanentemente en ellos. El Espíritu Santo iba y venía. Es por eso que David oraba: "Y no quites de mí tu Santo Espíritu" (Salmos 51:11). Sin embargo, cuando Jesús vino como el Cordero de Dios, Él murió por nuestros pecados y se levantó de entre los muertos para nuestra justificación. De esta manera, fue dada la promesa de que el Espíritu Santo moraría en todos aquellos que se arrepintieran e invocaran el nombre del Señor, sean judíos o gentiles.

Esta promesa fue inaugurada el día que Dios la había ordenado – el día de Pentecostés – 50 días después de la resurrección del Señor Jesucristo en la Fiesta de las Primicias. El sacrificio de Cristo, nuestra pascua; la Fiesta del Pan sin Levadura; la Fiesta de las Primicias de la Cosecha y la Fiesta de Pentecostés, fueron símbolos de nuestro Redentor y de Su maravilloso plan de redención para el hombre.

Cuando el Espíritu Santo descendió nos colocó en el cuerpo de Cristo, dándonos acceso al Padre. Cuando escuchaste el mensaje del evangelio y creíste, fuiste sellado con el Espíritu Santo hasta el día de tu redención.

Cuando recibes la salvación eres bautizado por el Espíritu dentro del cuerpo de Cristo. Has pasado de muerte a vida y vives por el Espíritu. Y el Espíritu mismo da testimonio a tu espíritu que eres hijo de Dios.

Ahora, la pregunta es, "¿dónde está el Espíritu de Dios en lo que a ti concierne?" ¿Has nacido de nuevo genuinamente por el Espíritu de Dios (Juan 3:1-10)? Si no es así, ¿quieres arrepentirte y cambiar tu mentalidad en cuanto a quién es Jesucristo? Él es Dios, el único Señor y Salvador. ¿Deseas invocarle para que te salve, perdone tus pecados y te dé el regalo de la vida eterna por medio de Jesucristo nuestro Señor? Si invocas Su nombre, Él te salvará y te dará el maravilloso don del Espíritu Santo, el cual te colocará en el cuerpo de Cristo y habitará en ti como Ayudador, Consolador y Maestro. Entonces, sabrás cómo vivir.... y podrás vivir por la eternidad.

LAS FIESTAS DE ISRAEL

	Mes 1 (Nisán) Fiesta de la Pascua				Mes 3 (Siván) Fiesta de Pentecostés
Esclavos en Egipto	Pascua	Pan sin Levadura	Las Primicias		Pentecostés o Fiesta de las Semanas
	Se mata el cordero y se pone su sangre en el dintel Éxodo 12:6, 7	Limpieza de todo lo leudado (símbolo del pecado)	Ofrenda de la gavilla mecida (promesa de la cosecha futura)		Ofrenda mecida de dos panes con levadura
	Mes 1, día 14 Levítico 23:5	Mes 1, día 15 durante 7 días Levítico 23:6-8	Día después del día de reposo Levítico 23:9-14		50 días después de las primicias Levítico 23:15-21
Todo el que comete pecado es esclavo del pecado	Cristo, nuestra Pascua, ha sido sacrificado	Limpien... la levadura vieja... así como lo son, sin levadura	Cristo ha resucitado... las primicias	Se va para que venga el Consolador	Promesa del Espíritu, misterio de la iglesia: Judíos y Gentiles en un solo cuerpo
				Monte de los Olivos	
Juan 8:34	1 Corintios 5:7	1 Corintios 5:7, 8	1 Corintios 15:20-23	Juan 16:7 Hechos 1:9-12	Hechos 2:1-47 1 Corintios 12:13 Efesios 2:11-22

Meses: Nisán — *Marzo, Abril* • **Siván** — *Mayo, Junio* • **Tisri** — *Septiembre, Octubre*

	Fiesta de las Trompetas *(shofar)*	Día de la expiación	Fiesta de los Tabernáculos	
Intervalo entre fiestas				
	Al son de trompetas (shofar) – una santa convocación	*Se debe hacer expiación para ser limpios* Levítico 16:30	*La celebración de la cosecha conmemora los tabernáculos en el desierto*	
	Mes 7, día 1 Levítico 23:23-25	Mes 7, día 10 Levítico 23:26-32	Mes 7, día 15, durante 7 días, día 8, santa convocación Levítico 23:33-44	
	Retorno de Judíos a Israel en preparación para el último día de expiación Jeremías 32:37-41	Israel se arrepentirá y mirará al Mesías en un solo día Zacarías 3:9, 10; 12:10; 13:1; 14:9	Las familias de la tierra irán a Jerusalén a celebrar la fiesta de los Tabernáculos Zacarías 14:16-19	Cielo nuevo y tierra nueva El Tabernáculo de Dios con los hombres Apocalipsis 21:1-3
		La Venida de Cristo		
	Ezequiel 36:24	Ezequiel 36:25-27 Hebreos 9, 10 Romanos 11:25-29	Ezequiel 36:28	

Israel tenía dos cosechas cada año — primavera y otoño

¿Te domina tu Naturaleza Humana O Estás Siendo Fortalecido por el Espíritu Santo?

ᴏᴡ ᴏᴡ ᴏᴡ ᴏᴡ

PRIMER DÍA

Lee Hechos 3 y marca en el texto las palabras clave enumeradas en tu separador.

Al marcar cada palabra o frase clave, no la resaltes sin antes pensar en qué puedes aprender del texto en donde se encuentra.

SEGUNDO DÍA

Lee Hechos 3 nuevamente. Sin embargo, esta vez presta atención a cuándo sucedieron los eventos en este capítulo. Aunque en este momento no estás estudiando los lugares geográficos, te sugerimos subrayarlos con verde (como deberás hacer con todo lugar geográfico en Hechos). Marca además, cada referencia a *Jesucristo* (*Cristo*).

Observa el diagrama del monte del Templo en la página 36 y 37. Localiza los lugares en donde ocurre este evento. Esto te ayudará a visualizar mejor los eventos.

Al leer Hechos 3:11-26, observa a quiénes les estaba hablando Pedro. ¿Cuál es la nacionalidad de esas personas? En muchas ocasiones, dependiendo del contexto de lo que estamos estudiando, acostumbramos marcar cada referencia al pueblo de Israel y a los judíos con una estrella color azul oscuro como ésta: ✡.

EL MONTE DEL TEMPLO
Durante el Período del Segundo Templo

1. Segundo Templo (el de Herodes)
2. Muro Occidental
3. Arco de Wilson*
4. Puerta de Barclay*
5. Pequeños Comercios
6. Calle Principal N-S
7. Arco de Robinson*
8. Ciudad Alta
9. Atrio Regio
10. Columnas
11. Puerta Doble
12. Puerta Triple
13. Plaza
14. Casa de la Purificación Ritual
15. Casa del Concilio
16. Torre de Herodes
17. Rocas Mayores
18. Fortaleza Antonia
19. Puerta de Warren*
20. Atrio de los Gentiles
21. Puerta Oriental

*Nombrados así en honor a exploradores del siglo diecinueve.
Nota: Véase la página 1513 para un plano del Templo de Herodes.

¿Cómo trata Pedro con su pueblo? ¿Qué desea que sepan? Si prestas atención, aprenderás mucho en cuanto a ser testigos de Jesús ante judíos y gentiles.

Separa algunas páginas de tu cuaderno para anotar qué aprendiste acerca de Jesucristo, y qué comparten Sus testigos cuando hablan a otros. Anota tus observaciones de Hechos 3. (Cuando tengas tiempo regresa a Hechos 2 y haz lo mismo).

Al hacer tu lista, recuerda de dónde obtuvieron poder los testigos para hablar tan elocuentemente. ¿Tienes ese mismo poder? ¿Eres Su testigo?

TERCER DÍA

Lee Hechos 4:1-31.   Observa dónde empieza este capítulo y cómo se relaciona con Hechos 3. Marca las palabras clave de tu separador en este capítulo. No olvides detenerte a pensar sobre qué estás aprendiendo al marcar estas palabras. Agrega a tu lista todo lo que aprendas acerca del Espíritu Santo y de lo que ocurre cuando la gente está llena de Él.

CUARTO DÍA

Hoy vamos a dividir Hechos 4:1-31 en dos secciones y a mirarlas por separado.

Primero lee Hechos 4:1-12. Examina qué está sucediendo, a la luz de las 6 preguntas básicas. Observa quiénes entran en escena en este punto, por qué están allí, quién y con qué están tratando y cuál es el resultado. Presta atención a qué dice Pedro y su relación con el Espíritu Santo al decir lo que dice.

Marca una vez más cada referencia a *Jesucristo (Jesús)* y registra lo que aprendes.

Ahora lee Hechos 4:13-31.

Añade la *Palabra de Dios (Tu Palabra)* a tu separador. Acostumbramos marcar las referencias a la Palabra de Dios con un dibujo verde como éste: 〰〰/ .

Continúa marcando *Jesucristo* y escribe tus observaciones en tu cuaderno de notas. Observa de quién fue la mano y el propósito que predestinaron los acontecimientos en la vida de Jesús.

Observa cuidadosamente cómo respondieron Pedro y Juan. Observa sus actitudes, qué dicen, cómo oran, su relación con el Espíritu Santo, su determinación, etc. Haz una lista en tu cuaderno de notas y resalta qué aprendes de ellos sobre su conducta, su forma de reaccionar y su voluntad.

QUINTO DÍA

Lee Hechos 4:32-5:11. Marca las mismas frases o palabras clave que aparecen en tu separador. Luego, escribe una lista de lo aprendido sobre la iglesia primitiva. ¿Cómo era esta congregación de creyentes? ¿Qué practicaban? ¿Cuál era la actitud de unos hacia otros? Compara tus observaciones con Hechos 2:41-47.

Observa también cómo la iglesia y Dios trataban con el pecado. ¿Cómo afecta a la iglesia la forma en que ésta trata con el pecado?

SEXTO DÍA

Lee Hechos 5:12-42 y marca de nuevo las palabras clave. Agrega en tu lista, bajo el Espíritu Santo, qué aprendiste al marcar estas referencias. Conforme aparezcan las palabras *testigos* o *testigo*, resáltalas. Recuerda observar sus sinónimos, porque podrían no utilizarse las palabras específicas. Verás también cómo testificaba la gente; marcando cada evento. Por ejemplo: Busca en Hechos 5:42 "no cesaban de enseñar y proclamar el evangelio (las buenas nuevas) de Jesús como el Cristo (el Mesías)". Marca la palabra *enseñar* y *proclamar*[5] de la misma forma en que marcaste *testigos*. Nota dónde están.

A medida que lees, es importante continuar y procurar contestar las 6 preguntas básicas. Observa quiénes son los personajes principales en esta sección de Hechos 5, dónde se encuentran, qué están haciendo, cómo reaccionan, el por qué de esa reacción, qué sucede, cuál es su actitud, qué proclaman, cómo lo proclaman y por qué.

Observa además qué padecieron los apóstoles y por qué. De este punto en adelante en el libro de Hechos, marca cada referencia a *sufrimiento (sufrir*[6]*)*. Asegúrate de marcar estas palabras en tu separador. Marcamos estas referencias con una llama roja como ésta: porque queremos recordar que no sólo se nos concedió el creer en el nombre de Jesús, sino también el padecer por amor a Su nombre (Filipenses 1:27-30).

Al terminar esta semana de estudio, asegúrate de anotar el tema de cada capítulo para Hechos 3, 4 y 5 en el cuadro PANORAMA GENERAL DE HECHOS.

SÉPTIMO DÍA

Para guardar en tu corazón: Hechos 4:12; 4:19, 20 ó 4:29
Para leer y discutir: Hechos 4:13-31; 2:42-47 y 4:32-35

PREGUNTAS PARA LA DISCUSIÓN O ESTUDIO IINDIVIDUAL

∼ ¿Qué aprendiste de Pedro y Juan en Hechos 4:13? ¿Qué había en ellos que los hizo efectivos en la obra de Dios?

Discute qué aprendiste de ellos en los capítulos 3-5.

a. ¿Cuál fue el mensaje que proclamaron? ¿Cuáles fueron los elementos de su mensaje?

b. ¿De qué estaban convencidos?

c. ¿Cómo usaron la Palabra de Dios?

d. ¿Qué lugar ocupaba la oración en sus vidas? ¿Cómo lo sabes? ¿Cómo oraban? ¿Por qué motivo oraban?

e. ¿Cómo enfrentaron la oposición? ¿De dónde provenía esa oposición?

f. ¿Hasta qué punto padecieron? ¿Cómo trataron con el sufrimiento?

∽ ¿Qué aprendiste sobre la iglesia primitiva de Hechos 2 y 4?

a. ¿Cuáles eran las diversas actividades de la iglesia?

b. ¿Esta gente cómo llegó a conocer al Señor? ¿Qué los atrajo a la iglesia? ¿Qué tipo de mensaje escucharon? ¿Qué reacción provocó ese mensaje?

c. De acuerdo con Hechos 5:1-11, ¿qué tan celosos eran Dios y los líderes de la iglesia en cuanto a la pureza de ella? ¿Cómo afectó esto a otros miembros?

d. ¿Cómo se aplican las actividades, las acciones y el comportamiento de los primeros creyentes a la iglesia de hoy?

∾ De todo lo leído y estudiado esta semana, ¿qué habló más a tu vida y por qué?

PENSAMIENTO PARA LA SEMANA

En todas las actividades de la vida, en todo tu servicio para Dios, ¿te has desviado de lo que Dios tenía en mente para ti como Su hijo y como Su testigo? ¿Has olvidado ese impactante precepto en Zacarías 4:6?: "No por el poder ni por la fuerza, sino por Mi Espíritu, dice el SEÑOR de los ejércitos."

¿Estás atado a tus propios esfuerzos humanos, o has sido librado por el Espíritu Santo para hacer la obra de Dios? ¡Sólo el Espíritu de Dios puede hacer Su obra!

No puedes rechazar el llamado de Dios a ser Su testigo. No puedes argumentar que careces de educación o de capacitación. No puedes decir que no tienes tiempo para dedicarte a Jesús. Tienes tiempo para lo que es importante para ti y si dices que no lo tienes, entonces te estás engañando a ti mismo. ¿Cuán importante es Jesús para ti?

Quizás si la iglesia regresara a su primer amor, si todos sus miembros amaran a Dios con todo su corazón, alma, mente y fuerzas y si amaran a otros como a sí mismos, amando no de palabra solamente sino de hecho, entonces veríamos a Dios añadir miles a la iglesia, así como lo experimentó la iglesia primitiva.

Piensa en esto.

¿Conoces las Prioridades de Dios?

◌◡◌◡◌◡◌◡

PRIMER DÍA

Lee Hechos 6 y marca las palabras clave que aparezcan en tu separador y que aparezcan en el texto.

Al terminar, observa los dos principales acontecimientos cubiertos en este capítulo y cómo se relacionan el uno con el otro. Escribe tus observaciones en tu cuaderno de notas.

SEGUNDO DÍA

Lee Hechos 6:1-7 de nuevo. Esta vez al leer busca contestar las 6 preguntas básicas. Anota tus observaciones en tu cuaderno. Observa cuál es la situación, quién está involucrado, cómo se resuelve y por qué se resolvió así.

Observa quién escogió a los siete hombres, qué cualidades se estaban buscando y qué hicieron con ellos al haber sido escogidos. Luego anota el resultado.

¿Qué puedes aprender de todo esto para tu propia vida?

TERCER DÍA

Lee Hechos 6:8-7:60 para obtener una amplia perspectiva de qué le ocurrió a Esteban y cómo se comportó.

CUARTO DÍA

Lee Hechos 6 de nuevo. Esta vez concéntrate para obtener el panorama de lo que le pasa a Esteban. Contesta las 6 preguntas básicas acerca de Esteban y anota tus conclusiones en tu cuaderno de notas. El "Concilio" del que se habla en Hechos y en los evangelios es el Sanedrín. Era presidido por el Sumo Sacerdote y estaba integrado por 71 hombres, tanto saduceos como fariseos. Fue ante este concilio que gobernaba a los judíos bajo la autoridad de Roma, que Esteban fue llevado.

Ahora lee Hechos 7:1-19. Ten presente el asunto por el que el concilio acusa a Esteban. Pensar en esta acusación mientras haces tu lectura, te ayudará a entender por qué Esteban dice lo que dice. Aunque en tu tarea para hoy encontrarás todo lo que Esteban dice, presta mucha atención a qué puedes aprender sobre los hijos de Israel, los patriarcas y José. Este relato nos da un maravilloso resumen de la historia de Israel.

QUINTO DÍA

Continúa observando el relato del testimonio de Esteban. Lee Hechos 7:17-50. Observa quién es el personaje principal en esta parte de la historia de Israel y escribe qué aprendes de él. Además, presta atención a qué puedes aprender acerca de los "padres" y los hijos de Israel y de cómo vivieron y respondieron durante este tiempo.

Conforme lees podrías encontrar provechoso resaltar cada referencia a los padres e hijos de Israel con un color, y cada referencia a Moisés con otro.

SEXTO DÍA

Lee Hechos 6:12-7:2a y 7:51-60. Marca las palabras clave anotadas en tu separador que usen en el texto. Presta atención a cualquier sinónimo que se refiera a la oración; por ejemplo, marca *clamó en alta voz*[7] de la misma forma en que marcaste la palabra *invocaba*[8].

Subraya además cada referencia a los miembros del Concilio[9] (encontrarás numerosos pronombres que se usan para referirse a ellos). Luego anota en tu cuaderno qué aprendes de estos nombres.

Agrega a tu lista qué aprendiste acerca de Esteban en esta última sección de Hechos 7.

Anota los temas principales de Hechos 6 y 7 en el cuadro PANORAMA GENERAL DE HECHOS.

SÉPTIMO DÍA

Para guardar en tu corazón: Hechos 6:4
Para leer y discutir: Hechos 6:1-6; 7:51-60

PREGUNTAS PARA LA DISCUSIÓN O ESTUDIO INDIVIDUAL

ᖆ Cuando leíste Hechos 6:1-6 ¿descubriste cuáles son las prioridades para los líderes cristianos?

a. ¿Por qué piensas que son estas prioridades? ¿Qué versículos de la Palabra de Dios conoces que apoyen éstas como prioridades o que demuestran que lo son? Compártelos.

b. ¿Cuál fue el conflicto que surgió?

c. ¿Cómo se trató ese conflicto?

d. ¿Qué clase de hombres tenían que escoger?

e. ¿Quién era responsable de escogerlos?

f. ¿Qué se hizo luego de haberlos escogido?

∾ ¿Qué aprendiste de Esteban en tu estudio de esta semana?

∾ ¿Cuán sabia fue la congregación al escoger a Esteban? ¿Cómo lo sabes?

∾ ¿Cuáles son las prioridades de los líderes de tu iglesia?

a. ¿Cómo se establecen estas prioridades?

b. ¿Cuáles son las prioridades que tu congregación considera que deben ser las del pastor, los ancianos, diáconos y de los líderes laicos?

c. ¿Qué clase de apoyo da tu iglesia a sus líderes?

d. ¿Cuáles son los requisitos que los líderes de tu iglesia deben llenar? ¿Se toma en consideración lo dicho en 1 Timoteo 3?

∾ ¿Qué aprendiste sobre los líderes judíos y de los miembros del concilio que gobernaban a Israel bajo la autoridad de los romanos?

∾ Al ver el contraste entre los ancianos, diáconos, apóstoles, la congregación y el concilio, ¿qué has aprendido sobre la forma en que la iglesia y sus miembros deben comportarse?

PENSAMIENTO PARA LA SEMANA

Es muy importante que te des cuenta que el fundamento para todo lo que eres y haces es la Palabra de Dios. Aun la oración tiene que estar basada en la Palabra de Dios. En Juan 15:7 Jesús dice que si permaneces en Él y Sus palabras permanecen en ti, puedes pedir lo que quieres y será hecho. Sin embargo, solo la Palabra de Dios no resulta suficiente. La Palabra es la comunicación de Dios contigo, pero tú también necesitas comunicarte con Él. El cristianismo es una relación y la oración y la Palabra de Dios mantienen y sustentan esa relación.

Por lo tanto, no debes descuidar la oración ni la Palabra de Dios, sin importar qué suceda en tu vida o en la de tu iglesia. Y sobre todo debes velar porque los líderes de tu iglesia tengan el apoyo adecuado por parte de hermanos llenos del Espíritu y de sabiduría, para que puedan entregarse a la oración y lectura de la Palabra de Dios.

¿Cómo podría la iglesia de Dios apartarse de la oración? ¿De qué se alimentará Su rebaño si no de la pura y no adulterada Palabra de Dios (como dice Juan 17:17 santificados por la verdad)?

Anima y apoya a tus líderes espirituales para que puedan consagrarse en oración y lectura de la Palabra.

Al hacer esto puedes convertirte en otro Esteban, lleno del Espíritu y de sabiduría; de una sabiduría que viene de tu conocimiento de la Palabra de Dios y de la búsqueda de Su voluntad a través de la oración.

El Sufrimiento
es Parte de la Vida del Creyente

༻ིའ་ ིའ

Lee Hechos 8. En tu lectura de hoy busca la repetición de la palabra clave *testificado*[10]. Testificar es "proclamar a Cristo, predicar la Palabra, anunciar el evangelio, explicar las Escrituras." Por lo tanto, marca también todo lo que tenga que ver con testificar, en la misma forma en que has estado marcando la palabra *testigos*. Por ejemplo: En Hechos 8:4 marca *iban predicando* (anunciando las buenas nuevas de) *la palabra*.

SEGUNDO DÍA

Lee Hechos 1:8, 6:5; 7:58-8:40. Luego lee Hechos 8 y procura contestar las seis preguntas básicas. Observa qué está sucediendo, por qué está sucediendo, quién está involucrado y quiénes son los personajes principales.

Marca en el capítulo 8 cualquier otra palabra clave incluida en tu separador. Añade la palabra *bautizado* a tu lista de palabras clave. Acostumbramos marcar esta palabra así: ~~~~ de color azul claro. Te sugerimos regresar a marcar *bautizados* en Hechos 1:5 y 2:38, 41.

TERCER DÍA

Lee Hechos 8:1-8 de nuevo y subraya cualquier referencia a los lugares geográficos. Luego escribe en tu cuaderno de notas el lugar en donde ocurrieron estos hechos, por qué la gente se encontraba allí y cómo lo que hicieron en esos lugares se convirtió en el cumplimiento de Hechos 1:8. Además marca cada expresión de tiempo. Nota la frase *en aquel día* en Hechos 1:8. Ya que es muy importante.

Cuando termines, observa todo lo referente a Felipe y haz una lista de los eventos principales de los viajes de Felipe como aparecen en Hechos 8. Traza estos viajes en el mapa de la página 51.

A propósito, según tu lectura de ayer, ¿quién crees que es el Felipe de Hechos 8?

CUARTO DÍA

Lee Hechos 7:58-8:4; 9:1-31. Marca las palabras clave que aparezcan allí.

QUINTO DÍA

Lee los mismos textos de la tarea de ayer. Haz una lista en tu cuaderno sobre los principales eventos en la vida de Saulo (Pablo) según vayan apareciendo en el texto. También nota qué ordena hacer Dios a Pablo, a quiénes lo envía y a dónde lo envía. Observa este texto cuidadosamente, ya que contiene información importante.

Descubrirás que lo aprendido puede ser de gran bendición para ti porque más adelante Pablo escribe en 1 Corintios 11:1, "sed imitadores de mí, así como yo de Cristo". En Filipenses 3:17 Pablo le dice a la iglesia que sigan su ejemplo y que observen a otros que andan según el ejemplo que han visto en él.

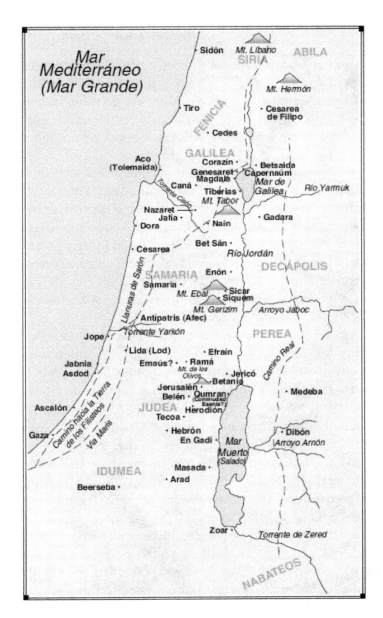

Los viajes de Felipe

SEXTO DÍA

Vimos en primer lugar el ministerio de Pedro y Juan, luego el de Esteban, el de Felipe y la conversión de Saulo. Te sugerimos que escribas los nombres de estos hombres en el margen de tu Biblia, junto a los textos en los que se refieran a ellos, con el fin de identificar el relato de cada uno fácilmente.

Es interesante notar que Saulo era una poderosa fuerza en la persecución de la iglesia, la cual empezó el día que Esteban murió. La persecución se convirtió en el instrumento de Dios para el cumplimiento de Hechos 1:8, que los creyentes fueran testigos no sólo en Jerusalén, sino en Judea y Samaria. Pronto veremos cómo Saulo se convirtió en la poderosa fuerza de Dios para llevar el evangelio más allá de Israel "hasta lo último de la tierra", como Hechos 1:8 nos dice que deben hacer los seguidores de Jesús.

Sin embargo, por ahora el texto nos traslada a Pedro y nos muestra lo que va a ser el acontecimiento más significativo, especialmente para aquellos de nosotros que no nacimos judíos (que no somos de la simiente física de Abraham).

Lee Hechos 9:31 y observa en dónde está esta iglesia y qué estaba experimentando en ese momento.

Ahora lee Hechos 9:32-43. Observa qué sucede y el lugar en donde ocurren estos eventos en el mapa de la página 51. Observa además qué sucede como consecuencia de estos eventos. Anota tus observaciones en tu cuaderno. En la página 53, encontrarás el cuadro CRONOLOGÍA DE EVENTOS EN LA VIDA DE PABLO DESPUES DE SU CONVERSIÓN. Creemos que será una referencia útil a medida que avanzamos en el estudio de Hechos.

Por último, anota los temas principales de Hechos 8 y 9 en el cuadro PANORAMA GENERAL DE HECHOS.

Cronología de Eventos en la Vida de Pablo Después de Su Conversión*

*Hay diferentes opiniones sobre estas fechas. Este cuadro servirá como referencia para las fechas relacionadas con la vida de Pablo.

Cita	Año d.C.	Evento
Hechos 9:1-25	33-34	Conversión, permanencia en Damasco
	35-47	Algunos años de silencio, sólo sabemos que Pablo:
Gál. 1:17		1. Pasó tiempo en Arabia y Damasco ⎤ 3 años
Hechos 9:26; Gál. 1:18		2. Hizo su primera visita a Jerusalén ⎦
Hechos 9:30-11:26; Gál. 1:21		3. Fue a Tarso, área de Siria-Cilicia
Hechos 11:26		4. Estuvo con Bernabé en Antioquia
Hechos 11:30		5. Con Bernabé llevó ayuda a los hermanos de Judea e hizo su segunda visita a Jerusalén
Hechos 12:23	44	Muere Herodes Agripa
Hechos 12:25		6. Regresó a Antioquia; fue enviado con Bernabé por la iglesia de Antioquia
Hechos 13:4-14:26	47-48	**Primer viaje misionero:** *Escribe Gálatas(?)*
	49	El procónsul Sergio Paulos en Patmos se puede fechar
Hechos 15:1-35		Concilio Apostólico de Jerusalén - Pablo visita Jerusalén (comparar Hechos 15 con Gálatas 2:1)
Hechos 15:36-18:22	49-51	**Segundo viaje misionero:** *Escribe I y 2 Tesalonicenses* - Estuvo año y medio en Corinto, Hechos 18:11
	51-52	Se sabe que Galio era procónsul en Corinto
Hechos 18:23-21:17	52-56	**Tercer viaje misionero:** *Escribe 1 y 2 Corintios y Romanos,* probablemente desde Éfeso
Hechos 21:18-23	56	Pablo va a Jerusalén y es arrestado; detenido en Cesarea.
Hechos 24:26	57-59	Comparecencias ante Félix y Drusila; ante Festo; apela al César, ante Agripa - se puede fechar
Hechos 27-28:15	59-60	Llevado desde Cesarea hasta Roma
Hechos 28:16-31	60-62	Primer encarcelamiento en Roma. *Escribe Efesios, Colosenses y Filipenses - 2 años en prisión*
	62	Pablo es puesto en libertad; posible viaje a España
	62	Pablo en Macedonia: *Escribe I Timoteo*
	62	Pablo va a Creta: *Escribe Tito*
	63-64	Pablo llevado a Roma y encarcelado allí: *Escribe 2 Timoteo*
	64	Pablo está ausente del cuerpo y presente con el Señor (*Otros sitúan la conversión de Pablo alrededor de año 35 d.C., y su muerte en 68 d.C.*)

14 años, Gálatas 2:1

SÉPTIMO DÍA

Para guardar en tu corazón: Hechos 9:15, 16
Para leer y discutir: Hechos 7:58-8:3; 9:1-30; 1 Corintios 15:1-11; 1 Timoteo 1:15, 16.

PREGUNTAS PARA LA DISCUSIÓN O ESTUDIO IINDIVIDUAL

✍ Cuando recopilaste todo lo aprendido acerca de Pablo, ¿qué anotaste como la serie de eventos en la vida de Saulo? (Por cierto, el nombre de Saulo fue cambiado a Pablo y desde entonces es así como mejor se le conoce. De ahora en adelante nos referiremos a él como Pablo).

a. ¿Qué aprendiste sobre el plan de Dios para Pablo?

b. ¿Cómo era Pablo, (es decir Saulo) antes de convertirse en su camino a Damasco? ¿Cómo fue después?

c. ¿Cuál fue la relación de Pablo con el Espíritu Santo?

d. ¿Cuál fue la actitud de la iglesia hacia Pablo después de su conversión? ¿Por qué?

e. ¿Quién le ofreció su amistad a Pablo y lo protegió cuando los discípulos en Jerusalén no querían relacionarse con él?

✍ ¿Cuáles son algunas de las cosas prácticas que podemos aprender de la conversión de Pablo y de su consecuente caminar con el Señor?

∿ ¿Qué puedes aprender de 1 Corintios 15:1-11 y 1 Timoteo 1:15, 16? ¿Qué te dicen estos versículos sobre la importancia de nuestro ejemplo y de nuestra forma de vivir vidas cristianas ante otros? ¿Tú también podrías decir lo que dijo Pablo en Filipenses 3:17? ¿Deberías decirlo? ¿Hay algo en tu vida que deba cambiar? ¿Vale la pena?

PENSAMIENTO PARA LA SEMANA

El mayor de los pecadores, el que persiguió a la iglesia y que dio muerte a los cristianos sería escogido ahora como un instrumento de Dios. ¿Puedes imaginar esto?

Jesús no vino al mundo por los "justos", sino por los pecadores. Él vino por aquellos que no son dignos de la misericordia de Dios o de su favor.

No importa si te sientes como el "mayor de los pecadores". Lo único que importa es que puedas recibir la gracia de Dios. Y sí, eso significa que habrá sufrimiento. El sufrimiento es un regalo que viene junto con la salvación. Más tarde Pablo escribiría a los Romanos que "los sufrimientos de este tiempo presente no son dignos de ser comparados con la gloria que nos ha de ser revelada" (8:18).

Al igual que Pablo, por causa de la magnitud de su pecado pasado, la iglesia podría tener dificultad en aceptarte al principio. Pero sé paciente y no te desanimes. Con el tiempo la gente se dará cuenta de la autenticidad de tu fe y se asombrarán de ver cómo la gracia de Dios trabaja en ti para Su gloria conforme seas fiel a Su llamado.

Recuerda que tú también eres un instrumento escogido. Si eres hijo de Dios, tienes el mismo Espíritu Santo en la misma medida que Pablo. Sigue adelante, lleno del Espíritu de Dios y como Su testigo a dondequiera que Él te envíe.

¿Bautizado con el Espíritu?
¿Quién?... ¿Cuándo?... ¿Cómo?

ᏇᏇᏇᏇ

PRIMER DÍA

Lee Hechos 9:40-10:23. Marca las palabras clave y agrega a tu separador todo lo que encuentres acerca del Espíritu Santo.

Al leer esta porción de las Escrituras, busca en el mapa de la página 51 dónde estaba Pedro durante ese tiempo. También busca dónde estaba Cornelio. Medita en la ciudadanía de Pedro y Cornelio; pero no te limites a tan solo leer, piensa en estos hombres de carne y hueso. Uno es "esclavo" de Roma; el otro un centurión de la compañía italiana.

SEGUNDO DÍA

Lee Hechos 10:24-48. Utiliza la lista de tu separador, marca las palabras clave que encuentres. Medita en el propósito de la visión que tuvo Pedro y escribe en tu cuaderno de notas el por qué de esa visión en particular. Luego, presta mucha atención al mensaje que Pedro compartió con Cornelio. Enumera en tu cuaderno de notas los puntos principales de ese mensaje. Observa qué sucedió como consecuencia del mensaje de Pedro y del deseo de Cornelio.

Junto a Hechos 10:44, escribe en el margen de tu Biblia "ocho años después de Pentecostés"; ya que fue aquí en donde sucedió este increíble acontecimiento.

≈⌒∾

TERCER DÍA

Lee Hechos 11:1-18 y marca las palabras clave. No olvides anotar en la lista de tu cuaderno todo lo que encuentres acerca del Espíritu Santo.

Conforme lees Hechos 11:1-18, procura contestar las 6 preguntas básicas. Responde a ellas a medida que lees el relato de qué sucede en Jerusalén como consecuencia de la visita de Pedro a la casa de Cornelio. Descubrirás lo significativa que fue esa visita.

≈⌒∾

CUARTO DÍA

Los eventos de Hechos 10 y 11 son muy significativos para entender el "bautismo del Espíritu". Busca los siguientes versículos, léelos y observa cuidadosamente qué aprendes acerca del Espíritu Santo en estos pasajes. ¿Cómo se relacionan unos con otros?

Aunque parte de lo que verás será una repetición de lo estudiado en Hechos 1 y 2, el repaso será muy beneficioso. Este es un estudio panorámico, por lo que no profundizaremos tanto como nos gustaría. Sin embargo, tan sólo aprender a ver el texto y encontrar qué significa, ya es algo absolutamente valioso. Esto te dará un fundamento sólido para la interpretación y te ayudará a evitar el uso incorrecto de las Escrituras. Escribe todas tus observaciones en tu cuaderno de notas.

Lee Hechos 1:4, 5, 8; 2:33 (esta es una explicación de Pentecostés); Hechos 2:38, 39 (observa para quiénes es la promesa). Es para los que están cerca [judíos] y para los que están lejos (gentiles), a cuantos el Señor llame. Serían los no judíos, que estaban en Samaria y hasta lo último de la tierra. Al leer cada pasaje, haz una lista y resalta qué dice el texto exactamente.

¿Hasta dónde llega el evangelio?

Primero llega a Jerusalén.

Más tarde, con el apedreamiento de Esteban y la persecución de la iglesia, el evangelio llega a Judea y Samaria (Hechos 8:1-8).

¿Qué sucede en Samaria? Los samaritanos creyeron. Como consecuencia, Pedro y Juan van allá a imponer sus manos para que reciban al Espíritu Santo, el cual aún no había descendido sobre ellos. Los que presenciaron este acontecimiento pudieron ver que los samaritanos habían recibido al Espíritu Santo.

Luego en Hechos 10 Cornelio, un gentil y toda su familia, recibieron al Espíritu Santo. ¿Cómo? ¿Cuándo? Observa cuidadosamente Hechos 11:17 y presta atención a la expresión de tiempo "después" y compárala con Efesios 1:13. Todo lo ocurrido en Hechos 10 es lo que Pedro explica a los líderes de Jerusalén en Hechos 11.

Lee los siguientes versículos y observa qué dicen exactamente. Permite que la Escritura interprete a la misma Escritura: Hechos 10:44-48 y 11:15-18. Marca la frase lo mismo[11]. Además busca Hechos 11:16 y observa qué recordó Pedro. Compara esto con lo que viste en los evangelios (Mateo 3:11; Marcos 1:8; Lucas 3:16 y Juan 1:33).

De todo lo que has visto en tu estudio de Hechos, ¿qué nos está enseñando la Palabra sobre el "bautismo del Espíritu"? De acuerdo con la Palabra de Dios, ¿el bautismo del Espíritu Santo será parte de la salvación?

QUINTO DÍA

Lee Hechos 11:19-30. Ahora, observa qué sucede sobre el lugar en donde se estaba predicando el evangelio y sobre quienes respondieron a éste.

Marca las palabras clave y subraya las referencias geográficas y las expresiones de tiempo.

SEXTO DÍA

Lee Hechos 12 y marca las palabras clave que encuentres. Observa quién es el personaje principal de este capítulo. Además presta atención y examina los eventos de este capítulo a la luz de contestar las 6 preguntas básicas. Registra tus observaciones en tu cuaderno de notas.

Escribe los temas de Hechos 10, 11 y 12 en el cuadro PANORAMA GENERAL DE HECHOS.

SÉPTIMO DÍA

 Para guardar en tu corazón: Hechos 10:15 y/o 10:34, 35
Para leer y discutir: Hechos 11:1-18

PREGUNTAS PARA LA DISCUSIÓN O ESTUDIO IINDIVIDUAL

ᨀ ¿Qué clase de mensaje compartió Pedro con Cornelio y su familia? ¿Cómo respondió Cornelio?

ᨀ Al hacer tu tarea de Hechos 10 y 11, ¿qué aprendiste acerca del bautismo del Espíritu Santo? Reúne a otros miembros de tu grupo para explicar tus observaciones sobre el texto desde el punto de vista de la Palabra de Dios, en lugar de por alguna experiencia. Este ejercicio no pretende invalidar la experiencia de nadie. Por el contrario, intenta traer todas tus experiencias a la Palabra de Dios para validarlas o demostrarte en dónde tu terminología pudiera no estar de acuerdo con la clara enseñanza de la Palabra. Recuerda, la Palabra de Dios nos muestra qué es y qué no es verdad.

∾ ¿Cómo se relaciona lo visto en Hechos con 1 Corintios 12:13? Por cierto, las preposiciones "en" y "con" cuando se habla del bautismo del Espíritu, son una sola y la misma en griego. La palabra es *év*, que puede traducirse "en", "con" o "por".

Los términos "por un Espíritu...bautizados", "bautizados en", "bautizados con" o "bautizados por" el Espíritu se utilizan sólo siete veces en la Escritura: Mateo 3:11, Marcos 1:8, Lucas 3:16, Juan 1:33, Hechos 1:5, Hechos 11:16 y 1 Corintios 12:13. La promesa del Espíritu está en Lucas 24:49; Hechos 1:4; Hechos 2:33, 39; Gálatas 3:14, 17; Efesios 1:13, 14; Efesios 2:12; Hebreos 9:15 y Hebreos 11:39.

En tres lugares encontramos a Pedro involucrándose con gente que recibió el don del Espíritu Santo: Hechos 2; Hechos 8:4-17 y Hechos 10:44-48.

∾ ¿Qué más has aprendido en estos primeros once capítulos de Hechos en cuanto al Espíritu Santo y Su relación y obra en la vida del creyente? Comparte tus observaciones registradas en tu cuaderno de notas.

Pensamiento para la Semana

Si eres un verdadero hijo de Dios, ¿has sido bautizado con el Espíritu Santo? Entonces, el Espíritu de Dios está en ti en toda Su plenitud.

¿Cuál es tu responsabilidad? Está establecida en Efesios 5:18-20: "Y no se embriaguen con vino, en lo cual hay disolución, sino sean llenos del Espíritu. Hablen entre ustedes con salmos, himnos y cantos espirituales, cantando y alabando con su corazón al Señor. Den siempre gracias por todo, en el nombre de nuestro Señor Jesucristo, a Dios, el Padre".

El verbo "sean llenos" está en tiempo presente imperativo, lo que significa que Dios te está ordenando que habitualmente seas lleno del Espíritu. Si eres un hijo de Dios, tienes el Espíritu de Dios. Por lo tanto, no contristes al Espíritu. Sé lleno del Espíritu continuamente y verás qué pasa como consecuencia de andar en el Espíritu.

¿No Sabes Qué Hacer?
¡Ocúpate de la Oración y el Ayuno!

ଉଉଉଉ

PRIMER DÍA

Lee Hechos 12:24-13:41. Marca cualquier palabra clave que esté en tu separador.

Luego, añade a la lista de tu cuaderno de notas qué aprendes acerca del Espíritu Santo.

SEGUNDO DÍA

Hechos 13 marca el comienzo del primer viaje misionero de Pablo. Por lo tanto, los lugares a donde Pablo fue son muy importantes. Lee Hechos 13:1-41 y subraya cada lugar geográfico. Luego, en el mapa titulado PRIMER VIAJE MISIONERO DE PABLO que aparece en la página 64, traza la ruta del viaje de Pablo, trazar esta parte del viaje, será extremadamente beneficioso. Recuerda que el recorrido de Pablo en este viaje lo hizo en lo que hoy en día es Turquía.

TERCER DÍA

Lee Hechos 13:42-52 marca una vez más las palabras y frases clave. Marca todas las referencias a *vida eterna (salvación)*.

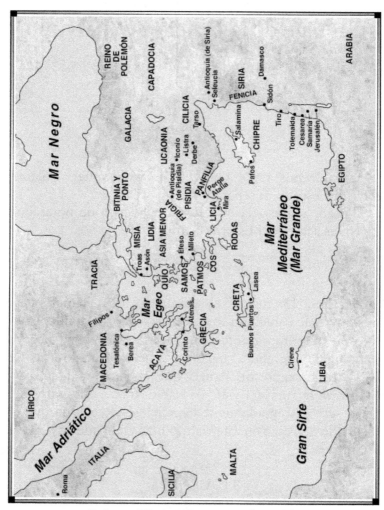

Primer Viaje Misionero de Pablo

Luego, busca las siguientes referencias en Hechos donde se utiliza la palabra *salvo* y márcalas de la misma forma en que marcaste *vida eterna* y *salvación*: Hechos 2:21, 40, 47; 4:12; 11:14; 15:1, 11; 16:30, 31. Haz una lista de todo lo aprendido sobre ser salvo. Luego, en tu cuaderno de notas, escribe qué aprendiste sobre la vida eterna.

Además, continúa marcando cada lugar geográfico mientras trazas la ruta en el mapa de los viajes de Pablo.

CUARTO DÍA

Lee Hechos 14:1-20. Marca las palabras clave repetidas. También marca las referencias geográficas y luego trázalas en el mapa.

QUINTO DÍA

Lee Hechos 14:21-28. Marca de nuevo las palabras clave repetidas y también los lugares geográficos. Continúa trazando el viaje misionero de Pablo. En Hechos 14 finaliza el relato de los viajes de Pablo.

SEXTO DÍA

Ahora necesitas volver a leer Hechos 13 y 14 y observa qué sucede en cada ciudad importante que Pablo visitó. Además nota qué hace cuando llega a cada ciudad, cómo se dirige a la gente, el mensaje que lleva y el resultado final. Puedes aprender mucho acerca de ser testigo de Dios al observar la vida de Pablo. Registra tus observaciones, ya sea en el margen de tu Biblia o en tu cuaderno de notas.

Escribe además los temas de Hechos 13 y 14 en el cuadro PANORAMA GENERAL DE HECHOS.

SÉPTIMO DÍA

 Para guardar en tu corazón: Hechos 13:2
Para leer y discutir: Hechos 13:1-5, 15-41

PREGUNTAS PARA LA DISCUSIÓN O ESTUDIO IINDIVIDUAL

∿ ¿Qué aprendiste en Hechos 13:1-5 sobre el lugar que debe tener el ayuno y la oración en la iglesia? ¿Ves alguna relación entre estas disciplinas y el ministerio del Espíritu Santo? ¿Qué crees que ocurriría si dedicáramos más tiempo al ayuno y la oración? ¿Seríamos más sensibles al llamamiento del Señor a Su pueblo para llevar a cabo Su obra?

∿ ¿Alguna vez has ayunado y orado? ¿Quisieras compartir el por qué ayunaste y oraste y qué sucedió como consecuencia de ello?

∿ ¿Cuál era la estrategia de Pablo cuando llegaba a una ciudad? ¿En dónde empezaba? ¿El mensaje de Pablo siempre era bien recibido? Cuando no era así, ¿se debía a que Pablo no estaba lleno del Espíritu? De acuerdo a lo que viste sobre la salvación y la vida eterna, ¿quiénes fueron los que creyeron?

∿ ¿Cuáles eran los elementos del mensaje de Pablo cuando presentaba el evangelio?

∿ De acuerdo con Hechos 13:37-39, ¿por qué era tan importante la resurrección? ¿Qué demostraba?

¿Bajo qué circunstancias predicó Pablo el evangelio? ¿Cuál fue el precio que tuvo que pagar? ¿Qué podemos aprender y poner en práctica en nuestras propias vidas?

ᖇ ¿Qué fue lo que más te habló en lo estudiado esta semana? ¿Qué viste que puedas aplicar a tu propia vida?

PENSAMIENTO PARA LA SEMANA

¡Oh!, cuánto necesitamos dedicar más tiempo para disciplinarnos en el ayuno y oración. Cuando aprendamos a rendirnos a Sus pies, a buscar Su rostro y a esperar en Él, entonces conoceremos qué desea que hagamos. En todo el libro de Hechos, la gente oraba y Dios contestaba a sus oraciones. La Palabra se proclamaba y la gente creía o la gente se resistía a la obra de la Palabra y del Espíritu (aunque les hubiera tocado en lo más profundo de sus corazones). Detrás de todo esto estaba el Espíritu Santo de Dios, llenando, guiando, consolando y hablando.

Esperamos que aprendas a caminar en total dependencia del Espíritu, buscando Su voluntad y no la tuya; Sus caminos, no los tuyos; Su tiempo, no el tuyo; Su poder, no el tuyo y Su sabiduría, no la tuya. ¡Que continúes siendo lleno del Espíritu!

No Eres Perfecto...
Pero Puedes Ser Fiel

✎✎✎✎

PRIMER DÍA

Lee Hechos 14:26-28 y compáralo con Hechos 13:1-4 ¿En dónde comenzó y terminó el primer viaje misionero de Pablo?

Ahora lee Hechos 15:1-35. Al hacerlo, observa en dónde estaba Pablo, quiénes estaban con él, a dónde se dirigen y por qué.

SEGUNDO DÍA

Lee Hechos 14:26-15:35 de nuevo. Marca en el texto cualquier palabra clave que aparezca en tu separador.

Marca la palabra *gentiles* y cualquier pronombre que se refiera a ellos, pero no la agregues a tu separador. Esta palabra es usada a lo largo del libro de Hechos, pero es clave sólo en este pasaje. Por lo tanto, no continúes marcándola.

Además marca la palabra *gracia*. Cuando marques *gracia*, también marca cualquier referencia a *la Ley de Moisés* (*rito de Moisés*[12], *Moisés...es leído en las sinagogas*[13]). Nosotros acostumbramos marcar la palabra *ley* de esta forma ⌒⌒.

TERCER DÍA

Hoy lee Hechos 15 y haz una lista de todo lo aprendido al marcar la palabra *gentiles* y sus pronombres. Busca contestar las 6 preguntas básicas para aprender lo más posible acerca de cómo trataron esta situación los líderes de la iglesia en Jerusalén.

¿Qué aprendiste sobre el lugar que ocupa la circuncisión y la ley en la vida del nuevo convertido al cristianismo? ¿Qué instrucciones se les dio a los nuevos creyentes? Escríbelo en tu cuaderno de notas.

CUARTO DÍA

Lee Hechos 15:30-41. Observa en dónde estaban Pablo y Bernabé, y los nombres de los que estaban con ellos. Luego presta atención a lo que quiere hacer Pablo y qué sucedió como resultado.

Al terminar, lee 2 Timoteo 4:11. Esta es la última epístola de Pablo a su hijo en la fe, Timoteo. Observa qué escribe acerca de Marcos, llamado Juan Marcos en Hechos 15. ¿Qué aprendiste de Bernabé en este relato? Busca los siguientes pasajes en donde se menciona a Bernabé: Hechos 4:36, 37; 9:27; 11:22-30; 12:25; 13:1, 2, 7, 42-51; 1 Corintios 9:6; Gálatas 2:1, 9, 13 y Colosenses 4:10. Escribe todo lo aprendido acerca de Bernabé. Busca algo que podría mostrarte cómo era su relación con Marcos (Juan Marcos).

Escribe estas referencias cruzadas acerca de Bernabé en el margen de tu Biblia junto a una de las referencias de Hechos.

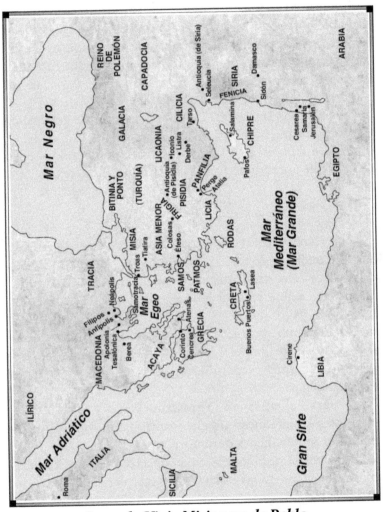

Segundo Viaje Misionero de Pablo

~~~

QUINTO DÍA

En Hechos 15:39, Pablo inicia su segundo viaje misionero. Este es un período muy importante en la vida de Pablo porque fue durante ese tiempo que conoció a Timoteo. En la página 71, encontrarás un mapa en el que puedes trazar este viaje. Recordarás mejor esta ruta si la marcas tú mismo en lugar de simplemente verla en un mapa en donde ya había sido trazada.

Lee Hechos 15:39-16:12. Subraya cada lugar geográfico que Pablo visita.

Finalmente, registra en tu cuaderno de notas todo aquello que aprendiste acerca de Timoteo en el texto.

~~~

SEXTO DÍA

Lee Hechos 16:11-40 y marca todas las palabras clave que encuentres. Marca cada referencia al enemigo o a alguno de sus espíritus demoníacos. Acostumbramos marcar las referencias al enemigo con un tridente como este ⚓ en rojo.

Al terminar, haz una lista en tu cuaderno de notas acerca de los principales eventos que ocurrieron en este capítulo, quiénes respondieron al evangelio y bajo qué circunstancias.

Observa además cómo trataron Pablo y Silas con las diferentes situaciones que encontraron. En todo esto hay lecciones muy valiosas para nosotros.

No olvides anotar los temas de Hechos 15 y 16 en el cuadro PANORAMA GENERAL DE HECHOS.

SÉPTIMO DÍA

Para guardar en tu corazón: Hechos 16:30, 31
Para leer y discutir: Hechos 16:1-3; 1 Corintios
4:14-17; 1 Timoteo 1:1, 2, 18-20; 4:12-16; 5:21-23; 6:11,
12; 2 Timoteo 1:1-8; 2:1-3; 3:10-12; 4:1-9 (al leer estos
versículos acerca de Timoteo haz una lista y resalta todo
lo que aprendes acerca de Pablo y Timoteo y de la relación
que había entre ellos).

PREGUNTAS PARA LA DISCUSIÓN O ESTUDIO IINDIVIDUAL

- Como se sugirió en la sección "Para leer y discutir",
  deberás leer los pasajes uno por uno. ¿Qué aprendiste
  en estos pasajes acerca de Timoteo y su relación con
  Pablo? ¿Puedes percibir en estos pasajes cuál era la
  preocupación de Pablo por Timoteo? (Sería bueno hacer
  una lista de esto con una ayuda visual de ser posible).

- ¿Cuán importante era la relación de Pablo con Timoteo
  en cuanto al evangelio? ¿Por qué?

- ¿Quién fue la última persona con la que Pablo se
  comunicó y cuál era su preocupación?

- ¿Qué aprendiste de esta relación? ¿Qué ejemplo dio
  Pablo a Timoteo? ¿La relación entre Pablo y Timoteo,
  cómo crees que satisface el mandato de Jesús en Mateo
  28:18-20?

- ¿Cuál fue la petición de Pablo a Timoteo en 2 Timoteo
  2:1-3? ¿Tienes una relación como ésta con otro
  creyente? ¿A quién estás formando en el evangelio para
  el avance del reino?

PENSAMIENTO PARA LA SEMANA

¿A quién has instruido en el evangelio de Jesucristo? ¿Habrá algún hombre o mujer fiel a quien puedas tomar bajo tu protección e instruir en las verdades y caminos del Señor? ¿Quién ha estado tan cerca de ti como para observar tu manera de vivir? ¿Quién ha seguido tus enseñanzas, conducta, propósito, fe, paciencia, amor, perseverancia, persecuciones y sufrimientos? ¿O lamentablemente, todas estas situaciones están ausentes en tu vida puesto que no puedes decir con el valor del Espíritu Santo que cualquiera debería seguirte?

El cristianismo necesita desesperadamente de ejemplos dignos de imitar. No necesita de hombres y mujeres a quienes el mundo considere perfectos y que nunca cometen errores. ¡Pablo no era perfecto! Aun Pablo y Bernabé tuvieron una caída, pero Pablo perseveró. Él sabía que aún no había alcanzado la perfección (Filipenses 3:12), pero perseveró hacia el premio del supremo llamamiento de Dios en Cristo Jesús. Y porque perseveró pudo decir: "Sigan mi ejemplo. Sean imitadores de mí, como yo de Cristo Jesús".

Siempre que sea necesario, necesitas hacer esto, de tal forma que puedas decirle a tu "Timoteo" únete a mí en el sufrimiento por el evangelio de Jesucristo. "He peleado la buena batalla, he terminado la carrera, he guardado la fe...."

Luego, pásale la batuta, el relevo a tu hijo o hija en el evangelio y la obra del reino continuará hasta que Él regrese.

¿Se Entristece Tu Corazón Porque la Gente Adora Otros Ídolos?

ᝏᝏᝏᝏ

ᝏᝏ

PRIMER DÍA

Lee Hechos 17:1-10. Marca las palabras clave registradas en tu separador. Luego, examina el período de tiempo que Pablo estuvo en Tesalónica buscando contestar las 6 preguntas básicas. Escribe en tu cuaderno de notas o en el margen de tu Biblia en dónde se encuentra Pablo y haz una lista de cualquier cosa significativa que quieras recordar sobre su estadía en esa ciudad.

Asegúrate de anotar cuánto tiempo estuvo Pablo en ese lugar, cómo se dirigió y trató con la gente y qué sucedió como consecuencia de su visita.

En el mapa del segundo viaje misionero de Pablo en la página 71, traza la ruta del viaje de Pablo como se describe en Hechos 17:1.

ᝏᝏ

SEGUNDO DÍA

1 Tesalonicenses 1:1-2:12 te dará mayor información sobre qué hizo que la visita de Pablo a Tesalónica fuera todo un éxito a pesar de la persecución que sufrió.

Esto también te dará algunos maravillosos pasajes para invocar al Señor. Con frecuencia estamos orando 1 Tesalonicenses 1:5 y examinando nuestra relación con las demás personas a la luz de 1 Tesalonicenses 2:1-12. Es nuestra oración que el estudio de este pasaje sea de estímulo para ti. Escribe cualquier "LECCIÓN PARA LA

VIDA" que encuentres (recuerda que en las instrucciones de la primera parte de este libro hablamos sobre "LECCIONES PARA LA VIDA").

En tu Biblia podrías hacer una referencia cruzada de Hechos 17:1-9 y 1 Tesalonicenses 1:1-2:12. Cuando sólo haya dos pasajes en los que desees usarlas, puedes anotar una junto a la otra en el margen de tu Biblia. De esta forma siempre tendrás disponible dicha referencia para el otro pasaje.

TERCER DÍA

Lee Hechos 17:10-34 y marca las palabras clave. Luego, examina cuidadosamente qué sucedió en Berea y en Atenas y registra tus observaciones en tu cuaderno de notas.

Observa cómo es recibido Pablo en cada uno de estos lugares y cómo trata con la gente. Ten presente también quién está con Pablo en sus viajes.

Presta atención a qué enardece al espíritu de Pablo. Cuando miras a nuestra sociedad o visitas otras ciudades o países, ¿se enardece también tu espíritu? Con frecuencia, el sentirse molesto se convierte en un llamado a la oración.

¡Nunca subestimes el poder de tus oraciones! Y no olvides trazar la ruta de los viajes de Pablo en el mapa de la página 71.

CUARTO DÍA

Lee Hechos 18:1-18. Marca las palabras clave. Observa qué sucede cuando Pablo llega a Corinto y qué hace hasta que Silas y Timoteo llegan allá. Además, observa con quiénes se encuentra y quiénes lo acompañan en su viaje. Anota tus observaciones en tu cuaderno. Vemos que Priscila y Aquila se convierten en personajes importantes en la obra del reino.

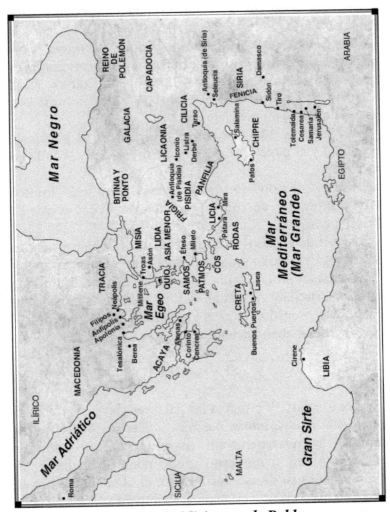

Tercer Viaje Misionero de Pablo

⁀⁀⁀

QUINTO DÍA

Lee Hechos 18:1-28. Señala en el mapa de la página 71 el viaje de regreso de Pablo a Antioquía. Observa qué hace Pablo en Éfeso.

En Hechos 18:23, Pablo principia su tercer viaje misionero. Por lo tanto, al subrayar las diversas ciudades que Pablo visita, trázalas en el mapa del TERCER VIAJE MISIONERO DE PABLO de la página 77. Observa qué está haciendo Pablo en ese viaje.

En Hechos 18:24-28, observa quién es el personaje principal y el papel que desempeñan Priscila y Aquila en su vida.

Lee 1 Corintios 16:19; Romanos 16:3-5 y 2 Timoteo 4:19 y anota qué aprendiste en estos versículos acerca de Priscila y Aquila.

Al estudiar estas referencias consulta también el cuadro SERIE DE EVENTOS EN LA VIDA DE PABLO DESPUES DE SU CONVERSIÓN en la página 53 y observa cuándo y dónde estaban Priscila y Aquila al escribir Pablo esta epístola en particular, o en dónde estaban cuando Pablo se refiere a ellos. ¿Qué estaban haciendo?

⁀⁀⁀

SEXTO DÍA

Lee Hechos 19 y marca las palabras clave. Marca cada referencia a *el Camino*. Regresa a Hechos 9:2 y marca también las referencias allí. Asegúrate de no confundir *el Camino* con el moderno grupo religioso llamado "*El Camino*". El uso de este término en el libro de Hechos se refería a los creyentes cristianos. Compara además Hechos 19:9 con Juan 14:6.

Anota en tu cuaderno qué aprendiste al marcar *Espíritu Santo*.

Al estudiar todo lo que acontece en Éfeso, recuerda que Pablo estuvo poco tiempo allí (Hechos 18:18-21) y dejó a Priscila y Aquila. Más tarde Apolos llegó a Éfeso. Ahora Pablo estaba en su tercer viaje misionero, y fortalece a los discípulos. Observa cuánto tiempo permaneció Pablo en Éfeso y qué sucede durante ese tiempo.

Recuerda anotar los temas de los capítulos 17, 18 y 19 en el cuadro PANORAMA GENERAL DE HECHOS.

SÉPTIMO DÍA

Para guardar en tu corazón: Hechos 17:30, 31
Para leer y discutir: Hechos 17:30, 31; Hechos 18:19-21 y Hechos 19:1-19.

PREGUNTAS PARA LA DISCUSIÓN O ESTUDIO IINDIVIDUAL

∾ Repasa lo aprendido sobre la primera visita de Pablo a Éfeso y luego la visita de Apolo a esa ciudad.

∾ Cuando Pablo visitó Éfeso por segunda vez, ¿habían recibido los creyentes de allí al Espíritu Santo? ¿Qué sabían ellos acerca del Espíritu Santo? ¿Qué era lo que ellos ignoraban?

∾ ¿Qué sucedió cuando Pablo impuso sus manos sobre estos hombres? ¿A cuántos de ellos les ocurrió esto?

∾ Además de 1 Corintios 12-14, el hablar en lenguas es mencionado solamente en tres eventos en el libro de Hechos. Busca cada uno de estos eventos y observa qué sucedió en cada ocasión, a quiénes y por qué (si el texto así lo revela). Hechos 2:4, 11; 10:46; 19:6.

∾ Recuerda que la palabra *arrepentirse* significa tener un cambio de pensar-mentalidad. Al estudiar Hechos 19, ¿encontraste arrepentimiento (no la palabra, sino el hecho en sí)? ¿Cuándo? y ¿Cómo? ¿Qué te muestra esto en cuanto al efecto que tuvo el evangelio en Éfeso?

∾ Conforme observaste a Pablo en estos tres viajes misioneros, ¿qué has aprendido de él respecto a compartir el evangelio? ¿Qué has aprendido de su vida respecto a las consecuencias de ser testigo de Jesús? ¿Es siempre fácil serlo?

∾ ¿Cuáles fueron algunos de los problemas y persecuciones que Pablo padeció a causa de su obediencia a la fe?

∾ ¿Te puedes identificar con Pablo de alguna manera? ¿Cómo?

PENSAMIENTO PARA LA SEMANA

Algún día Dios juzgará al mundo con justicia. Y será con justicia porque el evangelio llegará a los confines de la tierra. Dios no quiere que ninguno perezca, sino que todos sean salvos. Por lo tanto, si alguno anhela conocer la verdad acerca de Dios, Él se encargará de que la reciba. Sin embargo, no todos los que escuchen el evangelio serán salvos, simplemente porque no todos se arrepentirán (no cambiarán su forma de ver las cosas-mentalidad) cuando sean confrontados con la Verdad.

Toda la ciudad de Éfeso tuvo la oportunidad de creer. Pablo estuvo en esa ciudad durante dos años (Hechos 19:10). Personas que estaban bajo el dominio de Satanás fueron libradas y otras fueron sanadas. Grandes hogueras iluminaban el cielo de la ciudad cuando la gente trajo sus libros de maldad, de brujería para ser quemados. Los miembros del grupo "El Camino" causaron grandes disturbios, así que la gente estaba bien enterada del evangelio que Pablo predicaba. Sin embargo, algunos preferían a Artemisa (Diana), una estatua de mujer con múltiples senos creada por manos humanas, en lugar de al Dios vivo que da vida y aliento a todas las cosas. Muchos prefirieron el mito de una diosa que había caído del cielo, a la verdad de Aquel que envió del cielo al Hijo del Hombre para morir por los pecados de la humanidad y a resucitar de entre los muertos para dar vida eterna a aquellos que creen.

¿Cuando ves cómo el mundo sigue y adora las cosas que el hombre crea, se entristece también tu corazón, ya que a menos que la gente se arrepienta, de seguro perecerá?

Pero ¿cómo lo sabrán si no hay quién les diga? ¿Y quién se lo dirá... sin importar el precio?

¿Darás a Conocer la Verdad sin Importar lo que Cueste?

ལ◊◊◊◊

PRIMER DÍA

Lee Hechos 20:1-16. Observa en dónde se encuentra Pablo, hacia dónde se dirige y por qué. En el mapa de la página 77 traza el tercer viaje misionero de Pablo. Marca las referencias a tiempo y las palabras clave.

SEGUNDO DÍA

Lee Hechos 20:17-38. Al hacerlo, trata de percibir el sentir, la emoción y la intensidad de esta situación. No te apresures en la lectura de este pasaje. Léelo y piensa acerca de lo que lees y luego vuélvelo a leer. Pídele a Dios que hable a tu corazón al escuchar y ver la preocupación de Pablo por estas personas. Recuerda que Pablo fue el instrumento que Dios usó, para que ellos nacieran espiritualmente y llegaran a formar parte del reino de Dios.

TERCER DÍA

Lee Hechos 20:17-38 de nuevo. Esta vez marca las palabras clave que se repiten. No olvides escribir en tu cuaderno qué aprendiste acerca del Espíritu Santo de Dios.

Registra también en tu cuaderno de notas qué aprendiste en este pasaje acerca de Pablo, su ministerio y su mensaje.

¿Qué encuentras en este pasaje que sea de suma importancia para el siervo de Dios? ¿Era Pablo apreciado por todos? ¿Era apreciado por los ancianos en Éfeso? ¿Qué era lo importante de toda esta situación?

CUARTO DÍA

Lee Hechos 21:1-14. Resalta cada referencia a los lugares geográficos y márcalos en el mapa de la página 77 en que trazaste el tercer viaje misionero de Pablo. Marca también las palabras o frases clave.

QUINTO DÍA

Al leer los dos pasajes mencionados en el estudio de hoy, asegúrate de marcar las palabras clave que encuentres. El tercer viaje misionero de Pablo estaba a punto de finalizar. Lee Hechos 21:15-17 y traza su último viaje en el mapa de la página 77.

Ahora lee Hechos 21:17-26. ¿Cuál fue el problema que Pablo enfrentó cuando llegó a Jerusalén? Registra esto en tu cuaderno de notas. ¿Crees que Pablo alguna vez se rindió ante los conflictos que enfrentó? ¿Se dio por vencido?

SEXTO DÍA

Lee Hechos 21:26-40. Si encuentras palabras o frases clave márcalas.

Anota en tu cuaderno las acusaciones que estaban haciendo en contra de Pablo y el efecto que tuvieron en la ciudad.

En el cuadro del EL MONTE DEL TEMPLO en las páginas 36 y 37, observa el lugar de la fortaleza Antonia en relación al templo. Es aquí en donde Jesús fue traído ante la multitud por órdenes de Pilato. La altura de esta fortaleza permitía a los soldados romanos vigilar toda el área del templo. Y estaban allí precisamente para reprimir cualquier disturbio. Observa la reacción de la multitud en este relato. Luego, observa cómo intervienen los soldados romanos y qué ocurre como consecuencia.

Escribe los temas de los capítulos 20 y 21 en el cuadro PANORAMA GENERAL DE HECHOS en la página correspondiente.

___

SÉPTIMO DÍA

Para guardar en tu corazón: Hechos 20:26, 27
Para leer y discutir: Hechos 9:15, 16; 20:17-38; 21:8-14; 2 Timoteo 1:8-12

PREGUNTAS PARA LA DISCUSIÓN O ESTUDIO IINDIVIDUAL

∾ ¿A quiénes les está hablando Pablo en Hechos 20:17-38? ¿Por qué?

∾ ¿Qué aprendiste en este pasaje sobre el ministerio de Pablo mientras estuvo en Éfeso?

  a. ¿Qué enseñó Pablo?

  b. ¿En dónde enseñó y ministró?

  c. ¿Cómo ministró? ¿Qué ejemplo fue para otros?

∾ ¿Qué le esperaba a Pablo? ¿Cómo lo supo? ¿En qué forma se le había mostrado que le esperaba prisión y aflicción?

∾ ¿Qué efecto tuvo en Pablo esta difícil advertencia sobre su futuro? ¿Por qué crees que Pablo respondió a esta situación en la forma en que lo hizo?

∾ Algunas personas dicen que Pablo se equivocó al ir a Jerusalén cuando le había sido advertido lo que le sucedería. ¿Cómo enfrentarías esta declaración a la luz de la Palabra de Dios?

∾ ¿Qué aprendiste sobre el compromiso de Pablo en estos pasajes? ¿Qué aprendiste en cuanto a su vida y ministerio?

∾ ¿Cuál era la preocupación de Pablo por la iglesia en Éfeso?

∾ ¿Crees que era una preocupación válida? ¿Debería ser ésta nuestra preocupación hoy en día?

∾ ¿Qué aprendiste de Hechos 20:17-38 sobre la "palabra de Su gracia"?

∾ ¿Qué cambios ves que estén sucediendo en tu vida como resultado del estudio de Hechos? ¿Es la "Palabra de Su gracia" la que está haciendo su efecto en tu vida? Comparte cómo. Sé tan específico como puedas.

PENSAMIENTO PARA LA SEMANA

La fe no es fe hasta que no haya sido probada. A Pablo se le había dicho desde el principio que su vida en Cristo tendría sufrimientos por amor al nombre de su Señor. Ya había sufrido y aun le esperaba más. Sin embargo, eso no le impidió hacer la voluntad de Dios ni detendría la obra de Dios. Su camino estaba establecido y ese curso seguiría a pesar de muchas pruebas y aflicciones.

Pablo conocía cuál era el llamamiento de Dios para su vida. Él había sido designado como predicador, apóstol y maestro y por causa de esto él estaba dispuesto a padecer. Y sufrió pero no se avergonzó. ¿Por qué? Porque sabía en quién había creído y estaba convencido de que Dios era capaz de proteger todo lo que le había encomendado. Su mirada no estaba en el presente, sino en el futuro; no en lo temporal, sino en lo eterno.

Pablo también protegió el tesoro que se le había encomendado. Él no sólo había proclamado el evangelio, sino que lo había vivido.

¿Y qué acerca de nosotros? ¿Habrá también un llamamiento para nuestras vidas? ¿También se nos ha dicho que en este mundo padeceremos tribulación y que todos quienes viven piadosamente en Cristo Jesús sufrirán persecución? ¡Claro que sí!

¿Retrocederemos y no declararemos la verdad para que no nos cueste nuestra libertad? ¿Cómo responderemos? ¿Cómo enfrentaremos a nuestro Señor sin sentirnos avergonzados? ¿Cómo veremos a Pablo en la eternidad, cuando él fue nuestro ejemplo de qué es ser un seguidor de nuestro Señor?

Nuestro deseo es que aprendamos todo el consejo de Dios, que lo compartamos y lo vivamos sin importarnos qué nos espere.

Te encomendamos a Dios y a la Palabra de Su gracia, la cual es capaz de edificarte y darte la herencia entre los santificados. Permanece en Su Palabra...

Con Ánimo y Seguros
a Causa del Espíritu

ᘯᘯᘯᘯ

PRIMER DÍA

Lee Hechos 21:27-22:30. No marques nada en esta primera leída, solamente percibe el ambiente de lo que estaba sucediendo.

Mira cómo se comporta Pablo.

SEGUNDO DÍA

Hoy lee nuevamente Hechos 22 y esta vez marca las palabras clave en tu separador. También marca en este capítulo la palabra *ordenado*[14].

En tu cuaderno de notas haz una lista sobre los detalles de la experiencia de la conversión de Pablo. Observa cómo se comporta con el comandante romano, con la multitud judía y con el centurión romano.

TERCER DÍA

Retrocede y lee el relato de la conversión de Pablo en Hechos 9:1-31. Luego compáralo con lo que Pablo comparte con la multitud judía en Hechos 22. Entender ambos pasajes te ayudará a completar algunos de los detalles sobre la conversión de Pablo. Añade estos detalles a la lista de tu cuaderno de notas o reconstruye el escenario completo.

CUARTO DÍA

Lee Hechos 22:30-23:35. No marques nada por hoy. Una vez más trata de captar todo lo que está sucediendo y la intensidad con la que estos hombres se opusieron a Pablo. ¿Qué indica esta fuerte oposición en cuanto a la eficacia del ministerio de Pablo?

Recuerda que el concilio es el Sanedrín, el cuerpo de varones judíos que gobernaron a su propio pueblo bajo la autoridad romana.

QUINTO DÍA

Ahora lee Hechos 23 de nuevo. Esta vez marca las palabras clave de tu separador. Anota además, las diferentes personas que se mencionan en este capítulo y lo aprendido sobre cada una de ellas.

SEXTO DÍA

Lee Hechos 23 una vez más. Esta vez presta atención a la forma en que Pablo trata con las distintas personas que se mencionan en este capítulo. Registra tus observaciones en tu cuaderno de notas. Mira también cómo Dios ministra y protege a Pablo. ¿Cómo te anima esto? ¿Crees que Dios hizo esto sólo porque Pablo era especial para Él?

Anímate con la gran verdad de que Dios te ama tanto como a Pablo. Escucha a Dios en medio de las pruebas. Él te guiará por medio del Espíritu Santo. Dios es el mismo ayer, hoy y siempre. Anota los temas de los capítulos 22 y 23 en el cuadro Panorama General de Hechos.

SÉPTIMO DÍA

Para guardar en tu corazón: Éxodo 22:28
Para leer y discutir: Hechos 22:1-15; 23:11; Juan 15:16; Efesios 2:10; Salmos 139:16 y Apocalipsis 1:18

Preguntas para la Discusión o Estudio Iindividual

∾ Al estudiar Hechos 22-23, ¿qué fue lo que más te habló o impresionó?

∾ ¿De dónde crees que Pablo obtuvo valor y confianza? ¿Cómo se manifestó? ¿Qué seguridad tenía Pablo de parte de Dios? Busca Daniel 11:32b. ¿De qué forma te ayuda este versículo a apreciar el valor de Pablo? ¿Cómo te motiva?

∾ En estos dos capítulos, ¿cómo ves la mano de Dios llevando a cabo Su voluntad para con Pablo? ¿Qué demuestra esto acerca de Dios? ¿De qué forma los pasajes que leíste hoy en la sección "Para leer y discutir" apoyan esto? ¿Qué aprendiste de estos versículos? ¿Cómo podrían ayudarte cuando atraviesas alguna dificultad o en situaciones difíciles?

∾ ¿Qué aprendiste de la forma en que Pablo se comporta ante los diferentes grupos de personas o individuos mencionados en estos dos capítulos?

∾ ¿Qué crees que significa lo que dice Hechos 23:5 (que cita Éxodo 22:28) con respecto a nuestros líderes? ¿Significa esto que su pecado no puede ser expuesto, o se refiere a la forma en que nosotros les hablamos a ellos o acerca de ellos? Piensa en Juan el Bautista y en Herodes (Lucas 3:18-20), luego en Pablo y Ananías. ¿Cuál debería ser nuestra preocupación?

PENSAMIENTO PARA LA SEMANA

No conocemos qué clase de pruebas estás atravesando en este momento, lo que sabemos es que cualquiera que sean éstas, deben ser difíciles y sabemos que quieres tratarlas adecuadamente para que la Palabra y carácter de Dios no sean deshonrados o disminuidos de forma alguna para con los demás.

Es difícil verse como el perdedor y que otros estén en contra tuya. Entendemos esta situación y cuando esto nos sucede acudimos a la Palabra. En ella encontramos gran alivio, esperanza y ánimo al observar las vidas de nuestro Salvador y del apóstol Pablo. Ellos no fueron apreciados ni aplaudidos por todos. Ellos sufrieron toda clase de insultos, acusaciones y persecuciones. Aun así, ambos perseveraron hasta el final. Ellos sabían que habían sido designados-ordenados por Dios y contados como ovejas para el matadero. Pero también sabían que eran más que vencedores.

Tú también sabes esto acerca de ti mismo, así que... ¡vive de acuerdo a ello!

Libre para Obedecer

❀❀❀❀

PRIMER DÍA

En los primeros días de esta semana obtendremos simplemente el Panorama General de Hechos 24-26. Luego regresaremos y veremos cada capítulo en mayor detalle. Por lo tanto, lee hoy Hechos 23:31-24:23. Observa en qué ciudad está Pablo, recuerda por qué está allí y cómo llegó. Al hacer esto, ten presente qué se le dijo en Hechos 9:15 cuando se convirtió. Observa cómo Dios cumple Su Palabra.

SEGUNDO DÍA

Lee Hechos 24:24-25:12. Marca la palabra *César*[15]. Este era el título que se le otorgaba al máximo gobernante del imperio romano. Observa el cuadro cronológico en la página 94 y ve quién era el César y el rey de los judíos en la época del tercer viaje misionero de Pablo.

TERCER DÍA

Lee Hechos 25:13-26:32. Continúa marcando cada referencia al César.

LA HISTORIA DE ISRAEL—LOS PERÍODOS GRIEGO Y ROMANO

470 450 430 410 390 370 350 330 310 290 270 250 230 210 190 170 150 130 110 90 70 50 30 10 10 30 50 70 90 110

PERÍODOS DE LA HISTORIA DE ISRAEL

El Período Griego — **El Período Romano**

Seléucidas (Siria) — Antíoco Epífanes

Arta- jerjes I
464 423

Alejandro Magno 331

Tolemeos (Egipto) 323 ... 63

Asuero (Jerjes) 486-464

Comienza la Helenización de Israel

Antíoco Epífanes establece la abominación de la desolación 165

Pompeyo establece el gobierno Romano

Véanse las fechas abajo, en la zona ampliada

Esdras regresa a Jerusalén y reconstruye las murallas en 52 días

Nehemías regresa 458

Los Tolomeos dominan Israel 323 — 204

Seléucidas dominan Israel 165

Revuelta y gobierno Macabeo 63

Nehemías 445 415

Esdras 7-10

---

70 60 50 40 30 20 10 a.C.-d.C. 10 20 30 40 50 60 70 80 90 100 110

El Período Romano

Julio César	Octavio César	Octavio se declara a sí mismo Augusto César	Tiberio César		Claudio	Nerón	Vespa-siano	Domi-ciano	Trajano
63	44 44	27 27	14 14	37	41 54 54	68	69 79	81	96	98 ...

Caligula 37-41

Galba, Otón, Vitelio 68-69

Tito 79-81

Nerva 96-98

Pompeyo establece el gobierno Romano

Herodes comienza a reedificar el segundo Templo 20

Nacimiento de Jesús, Muerte de Herodes el Grande 4 a.C.

Muerte de Jesús 29-30°

Pentecostés 50 días después de la resurrección

47-48 49-51 52-56 Los tres viajes misioneros de Pablo

Tito va a Jerusalén

Juan exiliado en Patmos

Jerusalén destruida por Tito 70

Juan escribe Apocalipsis 95

Trajano persigue la iglesia

Gobernador es Romanos	Herodes el Grande	Herodes Antipas	Herodes Agripa II
63	37 37	4 4	39 44	100

Poncio Pilato 26-36

Herodes Agripa I 39-44

Masada capturada 72-74?

Malaquías 435?-415?

CUARTO DÍA

Ahora volvamos y profundicemos un poco más en estos maravillosos capítulos. Este relato ocurre en el hermoso puerto de Cesarea, lugar a donde los romanos se retiraban con frecuencia para alejarse de Jerusalén. Lee Hechos 24 y marca las palabras clave. Además, marca también las expresiones de tiempo. Registra en tu cuaderno de notas cuánto tiempo estuvo preso Pablo en Cesarea.

Al leer registra también todo lo que aprendes acerca de Félix, ya que es muy interesante.

QUINTO DÍA

Hoy lee Hechos 25 y marca las palabras clave, lugares y expresiones de tiempo. Observa quién entra en escena en este capítulo y qué sucede como resultado.

SEXTO DÍA

Hechos 26 es la defensa de Pablo ante el rey Agripa. Léelo cuidadosamente y marca las palabras clave. Si aprendes algo nuevo del relato del testimonio de Pablo escríbelo en tu cuaderno de notas. Es interesante observar qué parte de su testimonio da Pablo en las diferentes ocasiones y la forma en que comparte con aquellos que escuchaban. Observa cuidadosamente la forma en que trata con el rey. ¿El rey escucha el evangelio? Recuerda cuál es el contenido del evangelio.

Escribe tus observaciones en tu cuaderno de notas. También anota los temas de los capítulos 24, 25 y 26 en el cuadro del PANORAMA GENERAL DE HECHOS.

SÉPTIMO DÍA

 Para guardar en tu corazón: Hechos 26:18, 19
Para leer y discutir: Hechos 9:15; 26:1-32.

PREGUNTAS PARA LA DISCUSIÓN O ESTUDIO IINDIVIDUAL

∾ En Hechos 1, ¿por qué se les dijo a los discípulos que esperaran la promesa del Padre en Jerusalén?

a. ¿Qué sucedería cuando fueran bautizados con el Espíritu Santo?

b. ¿Qué harían ellos para el Señor?

c. ¿Qué está sucediendo en Hechos 24-26?

∾ Cuando piensas en la Palabra que Dios le dio a Pablo en Hechos 9:15, ¿crees que Pablo se dio cuenta de cómo se cumpliría esto? ¿Cómo se comportó? Discute la forma en que Pablo trató con estos oficiales y qué puedes aprender de su ejemplo, ya que también has sido llamado a testificar para el Señor Jesucristo.

∾ ¿Qué te dice Hechos 26:18 respecto a qué sucede cuando aquellos que están perdidos se arrepienten y creen en el Señor Jesucristo? Esta Escritura es un maravilloso verso de oración al Señor por aquellos que conoces y que están perdidos.

∾ Haz una lista de todos los puntos que Pablo trata o presenta al rey Agripa cuando le comparte el evangelio.

ᐭ De acuerdo con Hechos 26:22, 23 ¿cuáles fueron los límites del mensaje de Pablo al rey Agripa? ¿Cuáles deberían ser los límites de nuestro mensaje? ¿Es suficiente? ¿Es adecuado?

ᐭ ¿Qué te habló más cuando estudiaste Hechos 24, 25 y 26?

Pensamiento para la Semana

Por lo cual, oh rey Agripa, no fui rebelde a la visión celestial, sino que anuncié... (Hechos 26:19, 20).

Con la misma certeza con que el apóstol Pablo fue llamado a proclamar el evangelio, tú también lo has sido, nuestro querido amigo, si eres hijo de Dios. El mismo Espíritu que obró en Pablo lo hace en ti para producir tanto el querer como el hacer por Su buena voluntad (Filipenses 2:13.) Este es un llamado para toda la vida. El lugar es a dondequiera que Él te guíe, desde tu propio Jerusalén al mundo. El poder está en el Espíritu Santo, otorgado a cada hijo de Dios en el momento en que se arrepiente y cree.

Aun así, la responsabilidad es tuya y debes ser obediente. Debes estar dispuesto a abrir tu boca y no temer al rostro o posición de cualquier hombre o mujer, sino solamente a la decepción o disgusto de tu Padre celestial.

Los resultados dependen de Dios. Tú no puedes convertir a nadie ni puedes persuadir a nadie a creer. Eso es algo entre el que escucha y Dios. Así que continúa declarando el mensaje sin compromiso. Presta atención a qué hace Dios y a dónde te lleva, ya sea ante hombres comunes y corrientes, gobernantes, o autoridades. Todos ellos necesitan el mismo mensaje que viene de un mensajero fiel. Necesitan el mensaje: Que Jesucristo murió por nuestros pecados de acuerdo con las Escrituras, que fue sepultado, pero que resucitó tal como había sido anunciado y que también fue visto por muchos.

¡Testigo Suyo por medio de Su Espíritu!

ᘓᘓᘓᘓ

ᘓᘓ
PRIMER DÍA

Lee Hechos 27:1-17. Al leer examina el texto a la luz de las 6 preguntas básicas: ¿Quién? ¿Qué? ¿Cómo? ¿Cuándo? ¿Dónde? y ¿Por qué? Observa los personajes principales y contesta qué está sucediendo, cuándo, a dónde se dirigen, qué hacen y por qué. Subraya cada referencia al lugar como lo hiciste anteriormente. En el mapa de abajo traza la ruta de la nave.

ᘓᘓ
SEGUNDO DÍA

Lee Hechos 27:18-44. Una vez más busca respuesta a las 6 preguntas básicas: ¿Quién? ¿Qué? ¿Cómo? ¿Cuándo? ¿Dónde? y ¿Por qué? Marca cada expresión de tiempo y señala en el mapa la ruta de la nave como hiciste ayer.

_❦_

TERCER DÍA

Lee Hechos 28:1-10. Una vez más, examina el texto como hiciste en los últimos dos días. Busca expresiones de tiempo y márcalas. Señala además las palabras clave en tu separador.

_❦_

CUARTO DÍA

Lee Hechos 28:11-23. Marca palabras clave, lugares geográficos y expresiones de tiempo. Te recomendamos marcar cada referencia a los judíos (junto con cualquier sinónimo o pronombre personal). Recuerda, acostumbramos marcar estas referencias con una estrella de David azul.

_❦_

QUINTO DÍA

Busca el cuadro de la CRONOLOGÍA DE EVENTOS EN LA VIDA DE PABLO DESPUÉS DE SU CONVERSIÓN, en la página 53. Trabaja en lo siguiente para que puedas ver esta serie de eventos. Junto a cada uno coloca el año en que sucedió.

a. En el año_____ d.C. Pablo escribió el libro de Romanos.

b. En el año_____ d.C. Pablo fue a Jerusalén en donde fue arrestado y llevado a Cesarea.

c. En el año_____ d.C. Pablo fue enviado de Cesarea a Roma.

d. En el año_____ d.C. Pablo llegó a Roma en donde fue arrestado.

Cuando Pablo escribió la epístola a los romanos, ¿cuáles eran sus planes?

Lee Romanos 1:9-17 y 15:20-33. ¿Llegó Pablo a Roma tal como *él* lo había planeado? ¿Fue Pablo rescatado de aquellos que eran desobedientes en Judea? ¿Hasta qué punto?

SEXTO DÍA

Lee Hechos 28:23-31. Marca las palabras clave de tu lista, así como cada referencia a los judíos. También marca cada expresión de tiempo, luego busca el cuadro de la CRONOLOGÍA DE EVENTOS EN LA VIDA DE PABLO DESPUÉS DE SU CONVERSIÓN en la página 53. Observa qué logró Pablo durante el tiempo que estuvo preso en Roma además de lo que se menciona en Hechos 28:30-31.

Escribe los temas de los capítulos 27 y 28 en el cuadro PANORAMA GENERAL DE HECHOS.

SÉPTIMO DÍA

Para guardar en tu corazón: Hechos 28:27
Para leer y discutir: Hechos 28:20-31; Romanos 1:16; Romanos 9:30-10:4 (La palabra *fin* en Romanos 10:4 puede traducirse como *meta*).

PREGUNTAS PARA LA DISCUSIÓN O ESTUDIO IINDIVIDUAL

∾ Cada vez que Pablo iba a una nueva ciudad a proclamar el evangelio ¿a dónde se dirigía primero? ¿Por qué piensas que hacía esto?

∾ ¿Quiénes fueron los primeros en ser llamados después que Pablo llegó a Roma?

a. ¿Qué aprendiste de este pasaje en Romanos con respecto a la preocupación de Pablo por la salvación de los judíos?

b. ¿Qué tan grande era su preocupación? ¿Cómo lo sabes?

c. ¿Crees que deberíamos estar preocupados por los judíos en la actualidad?

d. ¿Cuál es nuestra responsabilidad hacia ellos y el evangelio?

ᘐ ¿Crees que Dios ha desechado a los judíos? Lee Romanos 11:1-29

a. ¿Ha desechado Dios a los judíos debido a que ellos como nación no se han arrepentido ni creído en el Señor Jesucristo?

b. ¿Qué aprendiste acerca de los judíos que están siendo salvos hoy en día? ¿Cómo se les llaman en el versículo 5?

c. Si tomas este pasaje literalmente (y respetas el uso de las figuras de dicción tales como símiles y metáforas), ¿Dios ha dejado de tratar por completo con los judíos? ¿Se ha enemistado con ellos?

d. ¿Qué nos dice la Palabra de Dios que sucederá con los judíos? ¿Cuándo?

ᘐ Discute sobre los planes de Pablo para ir a Roma y cómo llegó allá.

a. ¿Crees que Dios puso a Roma en el corazón de Pablo?

b. ¿Le concedió Dios a Pablo su deseo de ir a Roma?

c. ¿Qué puedes aprender de todo esto?

ᔫ ¿Disminuyó el celo y compromiso de Pablo por el evangelio, a causa de sus circunstancias? ¿Qué hay de ti?

ᔫ ¿Cuál ha sido la lección personal más significativa que has aprendido en este estudio de Hechos?

ᔫ ¿Qué has aprendido acerca del Espíritu Santo en este estudio?

ᔫ ¿Qué has aprendido respecto a proclamar el evangelio?

Pensamiento para la Semana

Dios dice: "Porque mis pensamientos no son vuestros pensamientos..." Pablo fue un hombre que se entregó a la fe y que se propuso no desobedecer al llamamiento de Dios. Él fue un hombre en quien estamos seguros que no se derramó la gracia de Dios en vano. ¡Se propuso trabajar más que todos! Y aun Pablo reconocía que no era él, sino la gracia de Dios en él.

Pablo también caminó por fe y Dios lo guió todo el tiempo, paso a paso. Si los caminos de Dios estaban de acuerdo con los pensamientos o planes de Pablo, eso no importaba. Pablo confiaba plenamente en los caminos de Dios, ya que estos son perfectos. Así que Pablo se apoderó del momento, sea lo que fuere, cuando y dondequiera, por el poder del Espíritu. ¡Pablo sería testigo de Dios estuviera libre o en cadenas!

Tanto tú como nosotros tenemos que hacer lo mismo. El libro de Hechos termina con Hechos 28:31. Sin embargo, continúa con nosotros, en ti y en mí, "proclamando el reino de Dios y enseñando del Señor Jesucristo abiertamente y sin impedimento de nadie a no ser de nosotros mismos".

PANORAMA GENERAL DE HECHOS

Tema de Hechos:

DIVISIÓN POR
SECCIONES

Autor:

					TEMAS DE LOS CAPÍTULOS
Fecha:				1	
				2	
Propósito:				3	
				4	
Palabras				5	
Clave:				6	
				7	
				8	
				9	
				10	
				11	
				12	
				13	
				14	
				15	
				16	
				17	
				18	
				19	
				20	
				21	
				22	
				23	
				24	
				25	
				26	
				27	
				28	

Notas

1. RV60 poder cuando el Espíritu Santo venga sobre vosotros
2. NVI según las Escrituras
3. NVI prometido
4. RV60 Lo levantó
5. RV60 predicar; NVI anunciar
6. RV60 padecer
7. RV60 clamó a gran voz; NVI exclamó
8. NVI oraba
9. NVI Consejo
10. NVI testificar
11. RV60 como
12. NVI tradición de Moisés
13. RV60 es leído cada día de reposo; NVI lo lea en las sinagogas todos los sábados
14. NVI dispuesto
15. NVI emperador

Notas para el Estudio Personal

Notas para el Estudio Personal

ACERCA DE MINISTERIOS PRECEPTO INTERNACIONAL

Ministerios Precepto Internacional fue levantado por Dios para el solo propósito de establecer a las personas en la Palabra de Dios para producir reverencia a Él. Sirve como un brazo de la iglesia sin ser parte de una denominación. Dios ha permitido a Precepto alcanzar más allá de las líneas denominacionales sin comprometer las verdades de Su Palabra inerrante. Nosotros creemos que cada palabra de la Biblia fue inspirada y dada al hombre como todo lo que necesita para alcanzar la madurez y estar completamente equipado para toda buena obra de la vida. Este ministerio no busca imponer sus doctrinas en los demás, sino dirigir a las personas al Maestro mismo, Quien guía y lidera mediante Su Espíritu a la verdad a través de un estudio sistemático de Su Palabra. El ministerio produce una variedad de estudios bíblicos e imparte conferencias y Talleres Intensivos de entrenamiento diseñados para establecer a los asistentes en la Palabra a través del Estudio Bíblico Inductivo.

Jack Arthur y su esposa, Kay, fundaron Ministerios Precepto en 1970. Kay y el equipo de escritores del ministerio producen estudios **Precepto sobre Precepto,** Estudios **In & Out**, estudios de la **serie Señor**, estudios de la **Nueva serie de Estudio Inductivo**, estudios **40 Minutos** y **Estudio Inductivo de la Biblia Descubre por ti mismo para niños.** A partir de años de estudio diligente y experiencia enseñando, Kay y el equipo han desarrollado estos cursos inductivos únicos que son utilizados en cerca de 185 países en 70 idiomas.

MOVILIZANDO

Estamos movilizando un grupo de creyentes que "manejan bien la Palabra de Dios" y quieren utilizar sus dones espirituales y talentos para alcanzar 10 millones más de personas con el estudio bíblico inductivo.

Si compartes nuestra pasión por establecer a las personas en la Palabra de Dios, te invitamos a leer más. Visita **www.precept.org/Mobilize** para más información detallada.

RESPONDIENDO AL LLAMADO

Ahora que has estudiado y considerado en oración las escrituras, ¿hay algo nuevo que debas creer o hacer, o te movió a hacer algún cambio en tu vida? Es una de las muchas cosas maravillosas y sobrenaturales que resultan de estar en Su Palabra – Dios nos habla.

En Ministerios Precepto Internacional, creemos que hemos escuchado a Dios hablar acerca de nuestro rol en la Gran Comisión. Él nos ha dicho en Su Palabra que hagamos discípulos enseñando a las personas cómo estudiar Su Palabra. Planeamos alcanzar 10 millones más de personas con el Estudio Bíblico Inductivo.

Si compartes nuestra pasión por establecer a las personas en la Palabra de Dios, ¡te invitamos a que te unas a nosotros! ¿Considerarías en oración aportar mensualmente al ministerio? Si ofrendas en línea en **www.precept. org/ATC**, ahorramos gastos administrativos para que tus dólares alcancen a más gente. Si aportas mensualmente como una ofrenda mensual, menos dólares van a gastos administrativos y más van al ministerio. Por favor ora acerca de cómo el Señor te podría guiar a responder el llamado.

COMPRA CON PROPÓSITO

Cuando compras libros, estudios, audio y video, por favor cómpralos de Ministerios Precepto a través de nuestra tienda en línea (**http://store.precept.org/**) o en la oficina de Precepto en tu país. Sabemos que podrías encontrar algunos de estos materiales a menor precio en tiendas con fines de lucro, pero cuando compras a través de nosotros, las ganancias apoyan el trabajo que hacemos:

• Desarrollar más estudios bíblicos inductivos
• Traducir más estudios en otros idiomas
• Apoyar los esfuerzos en 185 países
• Alcanzar millones diariamente a través de la radio y televisión
• Entrenar pastores y líderes de estudios bíblicos alrededor del mundo
• Desarrollar estudios inductivos para niños para comenzar su viaje con Dios
• Equipar a las personas de todas las edades con las habilidades es estudio bíblico que transforma vidas

Cuando compras en Precepto, ¡ayudas a establecer a las personas en la Palabra de Dios!

CPSIA information can be obtained
at www.ICGtesting.com
Printed in the USA
JSHW042027120123
36148JS00009BB/1046